闘魂は私の中で不滅
元気をありがとう
アントニオ猪木追悼
高村 剛

闘 魂

目　次

第一部
闘魂は私の中で不滅　元気をありがとう　アントニオ猪木追悼

第二部
米第2次南北戦争直前珍コロウイルス経過報告

新1

闘魂不滅

アントニオ猪木vsモハメッド・アリ
　もはや半世紀近くも以前のことになる

　マスコミ全紙はもちろん、プロレス専門誌までもが「世紀の茶番劇」と報じた。そのことを、あとで知った。

　いまから47年前の1976年に、アントニオ猪木とモハメッド・アリが戦った。私は小学校の3年生だった。

　アントニオ猪木は、長々とリングに寝そべっていた。だがけっして「芸者のように」ではなかった。何度もキックをしていた。渾身の力を込めて。

　のちにそのキックは「アリキック」と呼ばれることになった。

猪木・アリの異種格闘技戦は
K1（第1回）の17年前

当時「アントニオ猪木 vs モハメッド・アリ戦」は異種格闘技戦と呼ばれていた。

K1の第1回大会は1993年4月30日開催。「アントニオ猪木 vs モハメッド・アリ戦」の17年後だ。

猪木は、この異種格闘技戦によって、プロレス世界チャンピオンの位置に立った

プロボクシング世界ヘビー級チャンピオンのモハメッド・アリが、「誰でもかかってこい。俺に勝ったら世界一だ」というようなことを、よく言っていた。

それを聞いたアントニオ猪木が、手を挙げた。

そうしたらファイトマネーのことになって、モハメッド・アリが、「ウン十億円だ」と常識外を提示した。

「払いましょう」、そうアントニオ猪木が応じた

らしい。

　このときアントニオ猪木は、プロレスの日本チャンピオンでもなかった。師匠の力道山が逝去した跡を継いだのは、ジャイアント馬場？　正式にどうであったかはわからないが、そのような印象だった。

　その後、アントニオ猪木は、追い上げた。だが、ひいき目に見ても五分五分といったところではなかったか。

　そのアントニオ猪木が、プロボクシング世界ヘビー級チャンピオンのモハメッド・アリと、異種格闘技戦を行うことにより、プロレスとボクシング、強いのはどっち、ということになった。

　アントニオ猪木は、世界のプロレスを代表する位置に立ったのだ。

それはアメリカ大使館人質事件、
ソ連のアフガン侵攻の3年前だった

アントニオ猪木 vs モハメッド・アリ異種格闘技戦が戦われた3年後の1978年1月、イラン革命が起きた。

ホメイニー師のイスラーム・シーア派が、イラン皇帝を倒し、イラン革命をなし遂げた。

翌1979年11月には、イランのアメリカ大使館が占拠され、大勢のアメリカ人が、444日間人質になった。

同年、ソビエト連邦がアフガニスタンに侵攻した。

そのような時期に、モハメッド・アリは、米国でイスラム教の教祖名のモハメッドを名乗っていた。ただ者ではない。

立ったままでの蹴りは、禁止だった

　モハメッド・アリが、アントニオ猪木と異種格闘技戦を戦うことが得策ではないことを、モハメッド・アリ側のスタッフはよく分かっていた。

　だから、アントニオ猪木にとっておそろしく不利なルールを、いくつも押しつけた。

　そのなかで最も酷かったのが、「スタンディングーポジションでの蹴りの禁止」だ。

　ボクシングに寝業はないので、ボクサーはスタンディングーポジションで戦うことになる。そのボクサーに、スタンディングーポジションで蹴ってはいけないとなれば、寝っころがって蹴るしかない。

　寝っころがってのキックには、大きな欠点があった。

　派手さがないのだ。

　ショーの要素、娯楽の要素、ジョークの要素がなかった。それをモハメッド・アリが口で補った。

神が降りた瞬間

　最初、モハメッド・アリは、嘲（あざけ）っていた。プロレスはショーだ、娯楽だ、と言っているようだった。この試合は「ジョーク」と、たしかにリング上で言っていた。

　それが途中からガラリと変わった。表情がガチになっていた。

　モハメッド・アリの側のセコンドは、何度も止（や）めようとした。だが、モハメッド・アリは止めなかった。

　１ラウンド３分を、15ラウンド。きっちり最後まで、二人は戦い続けた。

　「世紀の茶番劇」を、なぜ二人は、最後まで完遂したのか。

　二人には、神が降りていたのではないか。

アントニオ猪木のガチを
モハメッド・アリは、ガチに受け止めた

モハメッドを名乗るアメリカの世界チャンピオンが、アントニオ猪木のガチを、ガチに受け止め戦ったのだ。

世界チャンピオン人生の大損失になる大怪我をも引き受けて、アリは最後まで戦ったのだ。

対戦直後、左脚血栓症のため、
モハメッド・アリは韓国の病院に入院

「アントニオ猪木 vs モハメッド・アリ」の直後、モハメッド・アリは韓国の病院に入院した。日本の病院だとマスコミに嗅ぎつかれて大騒ぎになる。なので、いちばん近い外国で病院に入院したのだ。

アントニオ猪木のキックにより、足の血管がつぶれてしまって血液が流れなくなり、歩けなくったためらしい。

左脚の血栓症。

「世紀の茶番劇」で、世界チャンピオンが、そこまでになっていたのだ。

モハメッド・アリ、アントニオ猪木、永眠

2013年、70歳の猪木は、参院選に出馬して当選。国政復帰をはたす。

2016年、モハメッド・アリ逝去。

6月26日が「世界格闘技の日」に制定される。もちろん1976年6月26日を記念して、である。

2021年、猪木は闘病生活を公表する。

2022年10月1日、アントニオ猪木、永眠。

2023年3月7日、アントニオ猪木 お別れ会、両国国技館で行われる予定。

多くの追悼号が敢行される。

新2

ニッカン 猪木追悼号

日刊スポーツ新聞社発行

ニッカン　猪木追悼号の最終ページ

　踏み出せばその一足が道となり
　　その一足が道となる

　これは猪木が尊敬する一休さん(一休宗純禅師)
の言葉です。

新3

週刊プロレス

アントニオ猪木 追悼号

この太ももの脚力で、アリを血栓症で立てなくした
『週刊プロレス　アントニオ猪木追悼号』より

ブラジル時代に習得したやり投げは脚力が土台になる
『アントニオ猪木　胸を打つ話』より

新4

"燃える闘魂" アントニオ猪木 Gスピリッツ追悼増刊　辰巳出版

アントニオ猪木の付き人で、対戦もしたことのある藤波辰爾の回想が印象的でした。

アントニオ猪木
胸を打つ話　宝島社

日刊スポーツ新聞社発行Ｇスピリッツ追悼増刊　辰巳出版

新6

米バイデン大統領首席医療顧問ファウチ博士が、昨年末あたりマスコミから姿を消しました

「11月には米中間選挙がおこなわれ、民主党が上下院とも勝てば、ファウチ米大統領首席医療顧問は安泰でしょう。

しかし、民主党が負ければ、ファウチ博士は、米大統領首席医療顧問を解任されるばかりか、有罪になるかもしれません。

そのように2022年10月刊行の非売品に書きました。

その後、米中間選挙は、下院では共和党が勝利し、議長を誰にするかでモメましたが、議長が決

まるやいなやバイデン現米大統領の副大統領時代の機密文書保持が問題になりました。

　その話に、ファウチ博士米大統領首席医療顧問の辞任はかき消されました。米下院に共和党議員が出席してくるよりも前に辞任したのではないか、との声が聞かれます。

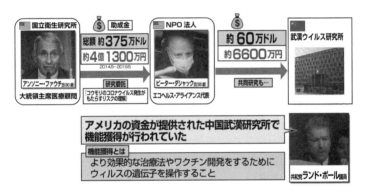

国立衛生研究所からNPO法人に約375万ドル　約4億1300万円
NPO法人から武漢ウイルス研究所に約60万ドル　約6600万円

新7

一昨年末あたりから「癌」が増えている

　開業医の先生方のなかから、一昨年末あたりから「癌」が増えているという声があがっています。

　私のクリニックにおいてもあきらかに「癌」の患者さんが増えたと実感しています。

　心配ですね。

　本当に心配です。

新8

打てば打つほど感染を
引き起こしやすくなります

　多くのワクチンは、軽く感染することによって、抗体をつくり、感染を防ぎます。特定の異物にある抗原に、抗体が特異的に結合して、その異物を生体内から除去するわけです。

　ですから、ワクチンを打つと、当然その後は免疫力が低下します。1回打ったときよりも、2回打ったときのほうが、自然免疫力の低下は著しくなります。打てば打つほど自然免疫力は低下し然感染を起こしやすくなります。

新9 「医原病」にご注意

　「医原病」（医療行為がもたらす病気のこと）について話をするとき、私はいつも風邪薬、解熱鎮痛薬を例にとります。

　解熱鎮痛薬を服用していただく意味は、ほとんどない、というのが私の見解です。

　ヒトが発熱するというのは、自分の体の中に侵入した細菌やウイルスを、自分の免疫をフルに使って撃退しているということです。それが発熱であるということは、多くの医学者たちが指摘しています。医学の原点、いろはのいともいえることです。

　私は子供の頃、よく熱を出していました。私に限らず、子供はよく高熱を出します。それは、まだ免疫細胞が幼く弱いからです。高熱を出して、ウイルスをやっつけようとしているのです。防御

反応の一種です。

　おとなが高熱を発したときも、よほどの高熱でない限り、解熱しないほうがよいでしょう。

　解熱剤などのまないで、発熱による脱水やミネラル不足を、上手に補いましょう。

新10

静岡県富士市で手術

　二週続けて依頼をうけて静岡県富士市で手術を
しました。

富士市は、春の陽気でポカポカして空気も綺麗で気持ち良いです。

　富士山もクッキリ、よい眺めです！

　私は、断薬の診療をおこなうとともに、薬害についての質問にもできるだけ丁寧にお答えするようにしています。

　薬は、研究はもちろん治験（適正な投与量や投与方法を確認するための臨床試験）にも多くの年月を要します。それにもかかわらず、後から副作用や副反応などが出てきて、発売中止になったり世間で問題になったりするものが多くあります。

　現在使用されているコロナワクチンのなかにも、通常ならば2023年5月3日まで治験中とされているものもありますが、非常事態だということで、許可になったものが含まれています。

　そのため、接種前には充分に本人の意思を確認し、自己責任で接種することになっています。

新11

スケーリング

　スケーリングとは、歯垢や歯石を除去すること
です。

　特に歯石はブラッシングではなかなか取れませ
ん。そのため、スケーリングをして取り除く必要
があります。

　スケーリングには「スケーラー」と呼ばれる器
具を使用します。

スケーラー

スケーリング方法１

　手動でスケーリングをする手用スケーラー。

歯の面を削る時の微細な感覚が手に伝わるため、小さな歯石を取ることができます。

　複雑な形をしている歯根の歯石除去にも使用されます。

スケーリング方法2

　超音波スケーラーは、超音波を発生させる機械を使うスケーリングです。

　歯石が大量に付着している場合などに、よく使用されます。

　超音波スケーラーを使用することで、短時間で効率よく歯石を取る効果が期待できます。

スケーリング方法3

　エアスケーラーは、空気の力でチップやブラシを振動させます。歯石の除去や清掃を行うときによく用いられます。

　スケーリングをおこなうと、歯や被せ物などを傷つけることなく、プラークを除去しやすくなります。

　適切なスケーリングを行うと、虫歯や歯周病などのお口のトラブルを防ぎやすくなります。

　歯石を取り除くと、歯の表面が滑らかになり、汚れや細菌が付着しにくくなります。

　そのことにより、お口のにおいが軽減される効果も期待できます。

　歯垢や歯石が口臭の原因になることが多いのですが、なんらかの病気によって口臭が発生していることもあるので、気になることがあれば、歯科医院で歯の状態を確認してもらいましょう。

インディアナ大学歯学部

米第2次南北戦争直前 珍コロウイルス 経過報告

ここから最後までは、2022年に自費出版として、小部数刊行
したものです。たいへん好評だったので、第一部も足して一般
書店での販売になりました。

1

珍コロウイルス予防の徹底化により日本の人口減少が止まりましたその翌年、死亡者数が５万１千人増加しました

2020年、日本の人口減少が止まりました

珍コロウイルスが世界的に流行した2020年には、日本では珍コロウイルス予防が徹底化されました。しかし、珍コロウイルス感染予防は、うまくいきませんでした。

ところが、「いいこと」もあこりました。珍コ

ロウイルス予防が徹底化されることにより、インフルエンザの罹患数、死者数がぐんと減ったのです。

その結果、日本では1万8千人もの人が、例年より長生きすることができました。

また、2020年は、戦後75年ぶりに日本の人口減少が止まりました。

その翌年の2021年、
死亡者数が例年よりも5万1千人ほども増加

珍コロが発生してから1年経った2021年。過去5年の平均死者数と比較すると、この年は5万1千人も死亡者数が増加していました。

2021年1月以降に、それまでしなかったことを日本が行ったことといえば、珍コロワクチン接種です。

つまり、珍コロウイルスに対するワクチン接種および関連する事柄によって、日本で5万人以上も死者数が増加した……と考えられるわけです。

　これは、大阪市立大学名誉教授井上正康氏のインターネットでの発言の趣旨です。

　おそらく実際には５万人どころではないでしょうが、2021年１月以降に、日本でも珍コロワクチン接種を行ったことにより「少なくとも」５万人規模が、死亡したと考えてよいのではないでしょうか。

珍コロワクチンは、臨床試験中のものです

　現在、世界の話題の中心とも言える珍コロワクチンは、今もなお臨床試験（第Ⅲ相試験）継続中です。つまり接種後長期の安全性データは、まだ得られていないということです。

　臨床試験継続中の長期の安全性データが得られていないワクチンを接種した人は、一般的には献血ができないことになっています。それが、珍コロワクチンに限って、mRNAワクチンは接種48時間後から、DNAワクチンは接種６週間後から、

献血が可能になっているようです。

　これら臨床試験（第Ⅲ相試験）継続中の mRNA ワクチン、DNA ワクチンを接種した人の血液や血液製剤を使用して、万が一受血者に健康被害があったら、誰がどのようなかたちで責任を取るのでしょうか。

　もちろん何ごともないに越したことはないのですが……。

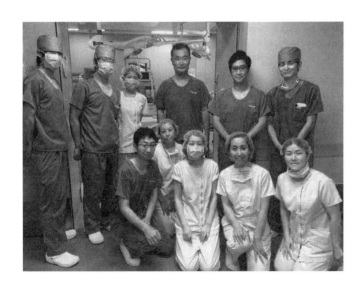

2

全国有志医師の会、ワクチンの危険性を訴える

　私も入っている「全国有志医師の会」が、ワクチンの危険性を訴え、子どもたちの接種中止を求めた文書を、全国の首長宛に内容証明をつけて約1700通送りました。

　その結果……、

　1通も届きませんでした。

　インターネットでも、しばしばその名称を使って否定的な意見を述べているということで、消されるということもあるようです。

　そのため、申し遅れましたが、ここでは新型コロナウイルスのことを珍コロ、同ワクチンを珍コ

ロワクチンと言わせていただいています。

　珍コロについては、ずうっと「茶番だ！」という意見がくすぶり続けていました。その数は、決して少なくはありませんでした。そのことをどう考えるかですが、私は日本人の知的レベルの高さを示すものだと評価しています。ですから、くすぶり続け、徐々に膨らんでいく「茶番だ！」という意見を、頼もしく感じていました。

　私自身も「珍コロは、風邪の一種のようなもので、怖くはない」と、当院の患者さんや周囲の人に言い続けてきました。

　しかし、世界で急速に拡大し、大騒ぎといっていい情況になっていくのを見るにつけ、「風邪の一種のようなもの」ではすまないと思うようになりました。

　まず気になったのが、人々に感染を拡げている「スプレッダー」というべき感染源（感染者）が、確実に存在しているということでした。

3

日本人は真面目なので
予想外にワクチン接種者
が多くなってきた

ワクチン接種者が多くなってきたので、ワクチン
非接種者への対処が重要になってきました

　珍コロワクチンの多くは、mRNAワクチン、DNAワクチン、ウイルスベクターワクチンであり、ヒトの遺伝子に影響与えることが懸念されています。

　従来のインフルエンザワクチンなども、簡単に言ってしまえば、「ウイルスもどき」を筋肉注射によって体内に入れ、身体がそのウイルスに感染したと勘違いすることによって抗体ができるとい

う仕組みです。しかし、免疫の基礎を知っている者からすれば、そんなことはありえないと言わざるをえません。

接種しているヒトが接種していないヒトに悪影響与える

　珍コロワクチンは、とても難しい仕組みになっています。まず人体に遺伝子の設計図を組み込みます。そうして、人体内に珍コロワクチンのスパイク蛋白を作ります。スパイク蛋白は、大きな構造体を形成するタンパク質です。

　そのスパイク蛋白に免疫を持たせるということになっているのですが、実際にはそう簡単にはいきません。

　たとえば従来のインフルエンザワクチンのなかには、感染を予防するどころか、ワクチンを接種したヒトの呼吸から、ウイルスが拡散され、ワクチン接種者が感染源となるということも言われています。インフルエンザワクチンを接種したヒト

　がインフルエンザを広げているということが、近年わかってきたわけです。

　2021年から22年にかけて、珍コロワクチンを接種するヒトが増えました。当局のおどしのような宣伝のようなものもあったせいか、「ワクチン接種者が感染源となっている」という声は、ほとんど聞かれませんでした。

　なお「接種しているヒトが接種していないヒトに悪影響与える」という趣旨のことは、ファイザー製薬の正式文書に掲載されています。

　接種者がこれだけ増えてきたのですから、「接種しているヒトが接種していないヒトに悪影響与える」ということについては、もはや避けて通ることのできない問題になっているのではないでしょうか。

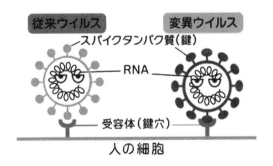

2回接種後、それぞれに副反応があったが、
3回目のワクチン接種をすべきだろうか。

　珍コロワクチンを2回接種したあと、けっこう副反応があった。とくにひどかったのは発熱だ。

　それでも、3回目のワクチン接種をすべきだろうか。

　そんな当院の患者さんの質問が、とても多くなってきています。

　2回接種済み、3回接種済みの患者さんには非常に言いづらいのですが、分かっている確かな情報に関しては、包み隠さず、次のようにお教えしています。

※

　珍コロワクチンには、傷害性があるとの報告があります。

　多いのは、心筋炎、月経異常、血栓症、出血性疾患、アナフィラキシーショック。

　そのほか、現代医学では説明のつかないさまざまな症状。

接種したが、副反応は何もなかった。そう安心している人もいるようですが、副反応は、すぐに出るとは限りません。遅れて作用が発生することもあるといわれています。それも、一週間や二週間ではなく、数ケ月後に副反応が現れることもあります（遅延性）。

※

米国の副作用報告システムである

珍コロワクチン接種後に死亡した人数は、2021年6月11日現在で、6,113人です。ワクチン有害事象報告システム（VAERS）に、そのように報告されています。

日本の2021年の超過死亡（特定の母集団の死亡率が一時的に増加し、本来想定される死亡率の取りうる値を超過した割合）は、6万人に達しています。

超過率については、本書6もご参照ください。

2022年1月、2月のデータでは、一カ月で2万人弱の超過死亡が出てしまっています。恐らく実際には、もっと多いのではないでしょうか。

　今回の珍コロの御用学者や政府官僚による数字でさえ、この数字には遠く及ばないため、一番の問題は珍コロワクチンの影響であろうことは容易に推察できます。

　しかし、わが国ではそれ以上のことを言うのは、タブーとされているようです。調べることも国家統計を分析することも、あまりなされていないようです。

　テレビで放送すること、大手新聞で報道されるなど言語道断！　になっているのではないでしょうか。

4

Super Spreader
スーパー・スプレッダー
を考えざるを得ない

麻疹、結核、風疹、サル痘、天然痘、エボラ出血熱、SARS
で、すでに発生していたスーパー・スプレッダー

　スプレッダーは、広げる人、流布する人という
意味です。この言葉そのものは、麻疹、結核、風
疹、サル痘、天然痘、エボラ出血熱が、それぞれ
感染拡大したときからありました。

　そのスプレッダーに、スーパーのついたスーパ
ー・スプレッダー（Super Spreader）は、SARS（重
症急性呼吸器症候群）が感染拡大したときに使わ
れ、すぐに一般に定着しました。

SARSが感染拡大したときに、感染拡大の感染源となった患者がいることがはっきりわかり、その患者のことを「スーパー・スプレッダー」と呼ぶことにより、スーパー・スプレッダーという言葉が定着したのです。

　患者が感染拡大の感染源になるという事実の衝撃が、スーパー・スプレッダーという言葉の定着を、後押ししたフシもあります。

　スーパー・スプレッダーは、「感染症を引き起こす病原体に感染した、通常以上の二次感染を引き起こす感染者」と言い換えることもできます。

スーパー・スプレッダーになりやすいヒト

　スーパー・スプレッダーは、感染症の原因となる細菌やウイルスを保持した状態で、多くの人々と接触し、感染者の急増をもたらす人のことです。

　潜伏期間中で、自覚症状がなかった例もあれば、罹患の兆候を軽視して活動を続けた例もあります。

　スーパー・スプレッダーになりやすいのは、だいたい次のような人です。

　ウイルスを増殖させやすい体質であるため、強い感染力のある人。

　職業柄多くの人と接触する人。

　多くの地域を行き来する人。

スパイクタンパク質の多くは、
　膜融合タンパク質

　2000年代前半の東アジアを中心としたSARSの原因のひとつであったスーパー・スプレッダーの医学的説明は、次のようになっています。

※

　ワクチンを接種すると、接種者にスパイク蛋白が産出されます。スパイク蛋白は、ウイルス表面に見られる棒状または棍棒（こんぼう）状の突起です。棒状・棍棒状の突起を「スパイク」と呼んでいるわけです。そのスパイクは、一般的にウイルスの侵入に深く関与します。

スパイク蛋白の多くは、膜融合タンパク質であり、宿主のゲノムに組み込んだ遺伝子に由来する場合と、宿主のゲノムのみに由来する場合があります。

　宿主によって融合タンパク質に加えられた転写後修飾は、糖鎖（各種の糖がグリコシド結合によってつながりあった一群の化合物）やアセチル基の付加や修飾など、膜融合性に大きな影響を与えます。

※

　これらのことはわかっているのですが、専門の研究者ではないヒトが、これらを証明することは非常に困難です。

　私は、私自身の体験、周りの友人や知人、ネットからの情報などの体験者の実体験を集めて、考えています。専門の研究者が、肝心なことについては口を閉ざしているので、そのようにするしかありません。

　そのようにして考察することにより、ワクチン接種者からスパイク蛋白が放出され、周囲の人々

に感染させている事態のあることは、間違いあり
ません。ただし、どれくらいの規模でそのような
ことになっているのかは、わかりません。

　しかし、ワクチン接種者のなかから、いわゆる
スプレッダー、シェディング、さらにはスーパー・
スプレッダーが誕生していることは、間違いあり
ません。

講演会のあとで
ベンジャミン・フルフォードさんと

5

シェディング
ワクチン接種者が
非接種者に、
スパイク蛋白を放出

ワクチン接種者から
「何か悪いもの」が排出（シェド）されている

　新型コロナワクチン接種者と接した時に限って、未接種者の身体にさまざまな症状が出る。それは、ワクチン接種したことにより、接種者から何か悪いものが排出されているからではないかとの疑念が持ち上がり、その「何か悪いもの」が排出（シェド）されることを、シェディング（伝播）

と呼ばれるようにもなりました。

　ワクチン接種者の呼気や汗腺から放出された「何か悪いもの」、それはおそらくスパイク蛋白だとおもいますが、それをシェディングと呼ぶ研究者もいます。

一カ月後に副作用がなくても、「ワクチン接種による副作用はない」とは、必ずしも言えない

　ワクチン接種者の放出するスパイク蛋白が、ワクチン非接種者に悪影響をもたらすと、重症化するリスクが大きいと言われています。

　さらに今回のワクチンは、遺伝子を操作して人の身体に、簡単にいうと永久的に住み着くことになります。そのことにより、今後どのようなリスクにさらされるか、わからないと言われています。

　それは、ワクチンを接種して一カ月経つが、何の副作用もないからといって、「ワクチン接種による副作用はない」とは、必ずしも言えないということです。

他方、ワクチン接種により副作用があった方は大勢いらっしゃいます。副作用には、軽いものから重篤なものまで、さまざまなものがあり、死亡してしまった方が、6千人を超していることは、すでに述べました。

いったん感染すると、重症化しやすいヒト

　今回のワクチンは遺伝子ワクチンなので、一度住み着いてしまうと、取り除くことはできないといわれていますが、医学の進歩は著しいので、取り除くことはできるようになるかもしれません。私としては、今後の医学に期待したいとおもいます。

　シェディングによる感染の広がりがあるということは、非接種だから安全が担保されていることにはならない、ということになります。ワクチンを接種したヒトから、シェディングされて感染することもありうるからです。

健康な生活をしているヒトほど
重症化しやすいかも

　ワクチンというものを、ご自身でよく学ばれ、研究されているヒト。

　食習慣、栄養面によく気をつけ、自己免疫力を高め、健康な生活をしているヒト。

　風邪などひいたことのないヒト。

　そんなヒトであればあるほど、いったん感染してしまえば、重症化しやすいということが言えるかもしれません。

　もっとも重症化しやすいのは、もちろん基礎疾患のあるヒトなのですが。

毒まみれのなかで、いかに健康を保っていくか

　シェディングを防ぐ方法は、現時点ではない、と言われています。しかし、方法はあります。日本国中でワクチン接種を止めてしまえばいいので

す。そうはいっても、すでに大規模にやってしまったので、完全にシェディングを防ぐことはできないでしょうが、和らげることはできるのではないでしょうか。

　今後、私たちは、毒まみれのなかで、いかにして健康を保っていくかに挑戦してゆくしかないわけです。

大阪城の一室にて

6

超過死亡率の原因のなかに、珍コロワクチンは入っていない

超過死亡率について、もう一度

　特定の母集団の死亡率（死亡者の数）が一時的に増加し、本来想定される死亡率（期待値）の取りうる値（信頼区間）を超過した割合のことを超過死亡率（excess mortality rate）といいます。

　超過死亡率は、「死亡率の変動」とも言われていて、伝染病、パンデミック（特にインフルエンザのパンデミック）、飢饉、戦争などによって引き起こされます。

これまでは、そのようなことでしたが、いまとなれば、珍コロワクチン死も、超過死亡率増加の原因のなかに入れなければなりません。検討中かもしれませんが、2022年8月の時点では入っていません。

免疫力を持つ割合が一定の水準を超えると、伝染を起こさないようになる

　珍コロウイルスの世界的な感染拡大にともなって、集団免疫という言葉がよく聞かれ、一般にも定着しました。

　集団免疫とは、その疾患の免疫を持つ人によって、集団内での疾患拡散が防がれることをいいます。その疾患の免疫を持つ人がいることで、その集団で免疫を持たない人も、感染から守られるわけです。

　集団内で免疫力を持つ割合が一定の水準を超えると、その疾患は伝染を起こさないようになるのですが、その水準のことを「集団免疫閾値」（herd immunity threshold）といいます。

　集団免疫閾値は、病原体の感染価、ワクチンの有効性、集団内の接触数などによって変化します。

感染症は８区分に分類されている

　2022年７月現在、感染症者数は、以前とさほど変わっていないのですが、自粛を緩和してみたり、季節性インフルエンザ並みの５類感染症にダウングレードすることを検討してみたり……。

　５類感染症にダウングレードするというのは、保健所や行政の入院病床の負担軽減から生まれた議論ですね。新型コロナが、季節性インフルエンザ並みに軽症になった、ということではありません。

　ちなみに「感染症法」では、症状の重症度や病原微生物の感染力などから、感染症を「１類〜５類感染症」の５段階と「新型インフルエンザ等感染症」「新感染症」「指定感染症」の３種類の合計８区分に分類しています。

7

ワクチン接種をめぐる
悪い噂

「大手メディアはフェイクニュースばかり」を、
多くの米国民が確信した

すべてのものごとには、裏があり思惑が存在し
ています。

そのうえ近年、大手メディアは意図的にフェイ
クニュースを流しているということが、米国では
一般的になりました。

そのようにしたのは、トランプ前大統領です。
トランプ前大統領が、「大手メディアはフェイク
ニュースばかりなので、私は相手にしない」と公
言し、ツイッターを多用したことから始まりまし

た。

　ところが次の大統領選挙になり、約8000万近くの票を得ていたにもかかわらず、バイデン現大統領に敗れました。明らかに不正が行われたのですが、不正選挙を取り締まる機関がグルになっていた？　ので、取り締まらなかったようです。

　自由と民主主義の国の、とても大事な大統領選挙で、明らかに不正が起こり、それが罷り通ってしまったのでしょうか。大手メディアは、その方向に行くように連日フェイクニュースを流し続けました。世論操作をし続けたわけです。

　トランプ前大統領を支持した約8000万人は、それらのことを、目の前ではっきりと見ることによって、「大手メディアはフェイクニュースばかり」を確信したのかもしれません。

フェイク、フェイクニュースの流し方が進化しています

　フェイクニュースを流し続けて洗脳しているの

は、大手メディアだけではありません。ネットも
かたちは違いますが、フェイクニュースを流して
います。都合の悪いことは勝手にカットしています。

　さらに高度なテクニックも使っています。事件
が起きたとき、半分しか報道しないのです。その
半分は本当のことなので、フェイクニュースには
ならないように思われるかもしれません。ですが、
報道しない半分の中に、対立するもう一方の言い
分や、同じくらい説得力のある別の見方があった
りします。

「沈黙の嘘」という言葉がありますが、それに近
いことを、ここかしこで行っています。「ロシア
のウクライナ侵攻」は、そんなことばかりでした。

　日本の高齢者の方には、ロシア嫌いの人が多い
ようです。日ソ中立条約を破って満州に攻め込ん
できたり、日本の将兵をシベリアに抑留したりし
たことで、そのようになってしまったようです。
ロシア嫌いの人の多くは「ウクライナの人は可哀
相」と言っています。

　しかし、日ソ中立条約を破ったことやシベリア

抑留したことは、ソ連時代のことです。ソ連には、現在のウクライナも含まれていました。ウクライナ兵も日ソ中立条約を破って満州に攻め込んできていたのです。

珍コロウイルスのために、
日本は、巨額のお金を支払わされている

　私たちは、大手メディアもネットの情報も、鵜呑みにするのは、やめなければならない時期に差しかかっています。

　珍コロウイルスを報じる米国のテレビに、トランプ前大統領とともに、ファウチさんが、よく出ていました。

　ファウチさんは、もともと珍コロウイルスの研究をしていたようです。それが、米国内ではいろんな実験ができない（危ないので）と、中国の武漢に研究をしてもらおうと動いたようです。もちろん多額の研究費をつけて。

　このことは、米国ではよく知られているようで、

2022年11月の選挙で、米民主党が上下院で敗ければ、表に出てくると言われています。

　日本の珍コロウイルス関連予算は、14兆円ほどだそうです。1億円の1万倍が1兆円です。ワクチン代も入っているはずで、物凄い額です。

8

ワクチン接種後に
体調が悪くなるのは
当たり前

薬は毒なんだけれど、
症状を一時的に改善してくれる

　現在、みなさんがのんでいる現代医学・西洋医学の薬は、ほとんどが毒物です。緊急時以外は、全く必要のないものです。しかし、私は薬を全否定するわけではありません。

　死ぬかもしれないほどの病気の症状の悪化、放置すれば死んでしまうかもしれない緊急時には、薬をのむべきです。

　「薬は毒なんだけれど、症状を一時的に改善して

くれる。そのことが、いまはとても大切なので、のもう」ということで、いいのではないでしょうか。

大学病院、街のクリニック、診療所の治療
そのほとんどは、アロパシー医療

　症状の改善を目指す医学。これをアロパシー医学と呼びます。西洋医学、現代医学は、基本的にはアロパシー医学です。

　症状を改善させる医療。これをアロパシー医療と呼びます。大学病院、街のクリニック、診療所の治療のほとんどは、アロパシー医療です。

　アロパシー医学、アロパシー医療は、基本的には対症療法であり、ほとんどが薬を使って症状を改善させる薬物療法になります。

　薬物療法は、症状を改善させたり、悪い症状を消したりします。ときには病気を治してしまうこともありますが、病気を治すための医療ではありません。

薬は、病気を治すものではないので
予防薬などというものは、存在しない

　頭痛という病気はありません。頭痛は頭が痛いという症状（状態）です。

　クリニックに行って診察してもらい、処方箋をもらった。その処方箋を持って調剤薬局に行き、薬をもらった。その薬をのんだところ、やがて頭痛はなくなった。

　これは薬の効果で、頭痛がなくなった、頭が痛いという症状がなくなったということです。

　頭痛が、内頸動脈が拡張して炎症が起きた群発頭痛であると、薬で内頸動脈の拡張を正常に戻すことができ、頭痛が治まったわけです。

　しかし、内頸動脈が拡張する原因を取り去ったわけではないので、いずれ内頸動脈はまた拡張し、頭痛が再発します。

　薬が頭痛の原因にアプローチしたわけではないからです。

　薬は、病気を治すものではありません。

このことから、予防薬などというものは、この世には存在しない、ということが言えます。

インフルエンザワクチンの人気がなくなり
珍コロウイルスが全世界的に流行

1980年に、インフルエンザワクチンが登場しました。このとき、

「インフルエンザは、これでなくなる」

と、みんな大喜びしました。

それからずいぶん経ちますが、確かな手応えがあったのは、インフルエンザワクチンメーカと来院した人にワクチンを接種したお医者さんだけでした。

インフルエンザは、その後も猛威をふるい続け、感染者率、死亡率ともに増加しているというのが、私の印象です。

インフルエンザワクチン接種を、みんな喜んで受けていたのは最初のころだけで、すぐにインフルエンザワクチン懐疑論が囁かれるようになりま

した。それでも、多くの人が半信半疑でワクチン
を接種し続けました。

「ワクチンのおかげで軽かったでしょう」と、お医者さんは、サラリとお答えになります

　当たり前のことですが、インフルエンザワクチン接種をしていても、インフルエンザに罹る人がいました。その数は少なくありませんでした。
　なかには、おかしいと感じ、
「インフルエンザワクチンを接種していただいたのに、なぜ私はインフルエンザに罹ったのでしょうか」
　と、お医者さんに訊ねる人がいました。
「たしかにインフルエンザに罹患されましたが、ワクチンを接種していただいていたので、軽かったでしょう」
　お医者さんは、そうサラリとお答えになりました。
　このお医者さんのお答えは、日本全国異口同音

69

のようです。まるでマニュアルがあるかのようです。

　お医者さんに、このような質問をする人は、まだエネルギーのある人だということもあります。だからほとんどが「軽かった」わけです。

　重症の人は寝込んでいて、お医者さんに質問どころではありません。もっと重症の人は死んでしまっていて、口をきくことができません。

インフルエンザワクチンが下火になって消えかけたとき、珍コロウイルスが全世界的に流行

　インフルエンザワクチン接種は、回を重ねるごとに懐疑論の支持が高まり、近年は話題になることも、かなり減っていたような気がします。

　まわりを見て、
「今年のインフルエンザワクチン接種はかなり減ったみたい。インフルエンザワクチンメーカさんはたいへんだろうな」

　そんなことを考えていたところ、変種インフル

エンザのような珍コロウイルスが、全世界的に流行し始めました。

ワクチンのある病気は、
その病気じたい、なくなってはいません

　いまもなおワクチンのある病気は、一切なくなってはいません。

　これは事実です。この事実をしっかり踏まえなくてはなりません。

　さらに、珍コロウイルスについて注目しなければならないのは、ワクチン接種によって亡くなっている人が多いということです。

病名すり替えが常態化
上からの圧力

「ワクチン接種後に、体調が悪いのですが、見ていただけないでしょうか」
　と患者さん。

「ワクチンは、関係ないでしょう。しかし、念のため、PCR検査をしましょう」

　とお医者さん。

　PCR検査の結果は……

　陽性でした！！

（おめでとうございます）

「珍コロが原因でしたね」

　と、ホッとした表情のお医者さん。

　病名すり替えが常態化？

　上からの圧力？？

対談のあとで　船瀬俊介氏と

9

サリドマイド、薬害肝炎、エイズ規模の大問題に

関東有志医師の会」の投稿より

　75年間、FDAとファイザーが隠しておきたかった内部資料が、FDAの訴訟の失敗のより、公開されました。

　1291種類の副反応が報告され、アメリカでは113万5千件、日本では2万7千件となっています。

　しかし、これは氷山の一角にすぎないと言われています。実際には、少なくともその数倍はあるようです。

なぜ、いま
押し進めようとするのでしょうか

　ここに来て、子宮頸がんワクチン接種後の痛みの報告とか、「安全性を確認」とか言っていますが……。

　解決していないことが山積みなのに、なぜこのタイミングで、このようなことを、国は押し進めようとするのでしょうか。

珍コロワクチン接種で死亡すると、
遺族に4420万円支払われる？

　珍コロワクチン接種後、二時間以内に亡くなった人は、厚労省の公式発表で2022年2月20日までで、約1500人です。

　実質的にはもっと多いようですが、ここではその話を避けます。

　ワクチン接種で死亡すると、4420万円を遺族に支払われることになっているのだそうですが、

4420万円をもらった人は、今のところいないと
されています。

　支払う義務がある国が、

「因果関係不明」

　と言えば、支払わなくて済むということでしょ
うか。

4420万円受け取った遺族は「他言無用
くれぐれもご内密に」

　実際に調べてみました。

　いろいろな説があるようなのですが、ワクチン
接種後に死亡し、4420万支払われている事例は
ありました。

　ただし、受け取った遺族は他言無用。別事由扱
いとし、公にならないようです。

　「いらない」といった遺族が1500人にのぼった
という話もあり、真偽のほどは、よく分かりませ
んでした。

　数年後, あるいは数十年後に、サリドマイド、

薬害肝炎、エイズと同様か、あるいはそれ以上の
大きな問題にならなければいいのですが、おそら
くなるでしょう。

医学、医療は変わるか

悪の巨星墜つ
D・ロックフェラー

船瀬 俊介
高村 剛

ICI

３年前に出した本です。宣伝はしてない
のに売れ続けています。

10

98.93%は、陽性にすら
なっていない

米軍は、施設、兵器、火薬、自国民100名以上
を置いて、アフガンより完全撤退した

　コロナの発生源はどこか、といったことを明ら
かにする米国のいくつかの情報機関の締め切り日
が、米国のアフガン撤退と重なってしまいました。
そのため、大きく報じられませんでした。

　もう一つ理由があります。十分に調査できなか
ったようです。あるいは、調査しなかったようです。

　この時点で、米国のバイデン大統領支持率は、
32%にまで、大きく下落しました。

　いまや大半の米国人は、トランプ前大統領が指

摘したように、中国武漢発だと考えています。ア
フガン撤退を、タリバンとサシで（アフガン政府
を入れず）撤退の詳細を協議し決定したのはトラ
ンプ前大統領です。

　そのときには、もしも決められたとおりにタリ
バンが行わなければ、米軍は撤退しないというこ
とが、細かく決められていました。

　それを、バイデン大統領時代に実施することに
なりました。そうしたところ、バイデン大統領は、
なにがなんでも早期に完全撤退する、ということ
を第一目標に掲げ、実施しました。

　そのため、施設も兵器も火薬も残して、米軍は
まさに脱兎のごとく逃げ帰りました。それは、「負
け逃げ」そのものの格好となりました。

　敵に使われることになるであろう米軍の施設、
兵器、火薬のほかに、なんと100名以上ものアメ
リカ人を置き去りにしました。米軍が自国民100
名以上を置き去りにし、完全撤退したのです。大
統領支持率が急落するのは当然です。

　激震が走っているにもかかわらず、バイデン政

権がそれでも崩壊しなかったのは、トランプ前大統領のいう「ディープステート」の、中国戦略が変わったからのようです。

「新型コロナウイルスは自然由来ではない」
「中国が意図的にばらまいた」

米国時間2021年9月15日夜。

米フォックスニュースの番組に、香港大学のウイルス研究者で米国に亡命した閻麗夢（イェン・リーモン）博士が登場しました。

イェン・リーモン博士の次の勇気ある発言が、大きな注目を集めました。

「新型コロナウイルスは自然由来ではなく、武漢ウイルス研究所で作られたものだ」

「中国が意図的にウイルスをばらまいた」

これはもちろん中国政府は、公式に否定しています。

「人工ウイルス」の研究と実験は、
さまざまな国で進められている

　実際のところ、現時点では（2021年9月）、新型コロナが人工ウイルスだと100%断言できる証拠は出ていません。

　とはいえ、武漢研究所では、いまだに独立した第三者機関の調査は行われていません。

　新型コロナは、人工ウイルスでないという証拠も見つかっていません。

　今回のコロナ騒動で、「人工ウイルス」は、あたかも陰謀論のように語られてきました。

　しかし「人工ウイルス」自体は、戦後、長らくさまざまな国で、研究も実験も進められてきました。

　米国が「人工ウイルス」の研究をしていて、実験については、国内で行って、もしものことがあってはいけないので、お金を払って中国で行うということがあっても、何ら不思議はありません。

珍コロワクチンに対する
日本の一般企業の姿勢

　ここのところ当院において、患者さんからの悲痛な質問が相次いでいます。

　「どうにもワクチンを打ちたくなくて、会社にそのことをはっきり言いました。そうしたところ、今のところ、婉曲にですが、退職を迫られています」

　「ワクチンを打たない私に、嫌がらせなどの圧力が凄いのですが」

　だいたいそのようなことなのですが、いくら国が「任意」だと言っても、会社のなかがこんなありさまだと、「任意」ではないも同然です。

ワクチンパスポートは
成り立たない

　ワクチンパスポートの議論もおこなわれるようになりました。ワクチンパスポートについては、二つ大きな問題があります。

1、　ワクチンには、発症を食い止める効果は
　　ありません

2、　ワクチンの効果は、半年ほどで切れます

1については、百歩譲って何らかの効果がある
としましょう。しかし、その効果は半年ほどで切
れます（2）。

ですから、ワクチンパスポートなどというもの
は成り立たないのです。

ワクチンを打つ、打たないは、
あくまでも個人の自由であるべき

ワクチンパスポートが義務化されれば、ワクチ
ンを打てない人、打ちたくない人の権利が、さら
に侵害されます。差別も、さらに助長されます。

個人情報が、当局に管理されます。自分自身の
個人情報であっても、いつのまにか曖昧になった
りしますが、当局はコンピュータでしっかり管理

しているので、曖昧になることはありません。

　人類奴隷化計画があったとしたら、それがやりやすくなります。

そもそもワクチンは必要なのか？
新型コロナと数字のトリック

　珍コロウイルスは、感染症第2類に分類されています。インフルエンザは、感染症第5類です。ですから、インフルエンザよりもはるかに危険なものとされているわけです。

　その珍コロウイルスを予防するとされている珍コロワクチンは、「5年後、10年後のリスクが不透明なワクチン」です。

　重篤な病気であるのなら、たとえリスクが不透明なワクチンであっても、打ったほうがいいということになるかもしれません。しかし、珍コロウイルスは、たいしたウイルスではないようです。感染しても症状が出ないこともある程度のウイルスです。

こんなことを言うと、

「ニュースを見ていないのか」

「多くの人が亡くなっているのに、なんてことを言うのだ」

「頑張っている医療従事者に失礼」

　などと言われそうです。

　確かに毎日のようにテレビのニュース、新聞、インターネットで、「今日は○○人が感染！」と発表されているので、非常に恐ろしいウイルスのように思ってしまいます。

　しかし、冷静に見ると、日本の総人口は、1億2530万人です。それに対して、珍コロの陽性者は134万人（2021年8月現在）です。

　つまり、日本人の98.93％は、陽性にすらなっていないということです。しかも、陽性者の中には無症状の人が数多く含まれています。

PCR検査を考案した人が言っている
「感染症の診断に使ってはならない」

　珍コロが、たいしたものではないことを示すものは、それだけではありません。

　珍コロの感染者数・死者数が、信じられないような方法で水増しされているようなのです。

　まず盛んに用いられているPCR検査ですが、珍コロが感染拡大するはるか前から、「PCR検査を感染症の診断に使ってはならない」と、警鐘を鳴らす専門家がいました。

　その専門家は、PCR検査を考案したキャリー・マリス博士その人です。キャリー・マリス博士は、PCR検査を考案したことにより、ノーベル賞を受賞しています。

　キャリー・マリス博士は、サーファーでもあり、とても面白い方なので、詳しく紹介させてください。横道にそれますが、面白いので、お付き合いください。

11

マリス博士の
PCR物語

デート中にアイデアを得たマリス博士は、
PCR発明によりノーベル化学賞を受賞

　珍コロウイルスとともに、PCRの3文字を何度も見る日が続いています。この検査法が発明されていなければ、珍コロウイルスはもっと猛威をふるうことになっていたと思われています。

　それはそうかもしれませんが、陽性者の数は激減していたかもしれません。なぜなら、珍コロに関するPCR検査の判定は、きわめて不正確であるからです。

　PCRを発明したのは、カリフォルニアのサー

ファーで、科学者でもあるキャリー・マリス博士です（2019年没）。

マリス博士は、ガールフレンドとのデート中に、DNAの超微細な断片を増幅することによって、DNAの配列を解読できる装置のアイデアを得たそうです。

そうして、さっそくその装置を作り上げ、1993年にノーベル化学賞を受賞しました。PCRは、もともとはDNAを解読するための措置でした。

その措置が、珍コロウイルスに感染したか、していないかを調べる装置として使われだしたのは、あきらかに流用でした。

なぜそのようなことになってしまったのか。

PCRには、本当にそのような能力があるのか。

そのことを問わなければならないのですが、その前に、PCR登場の前に戻り、PCR登場の経緯をみておきましょう。

『ネイチャー』にも『サイエンス』にも、マリス博士の論文は、掲載されなかった

　マリス博士は、PCRが世界中に広まっていくことを確信していました。理由は以下のとおりです。

　PCRは安価な装置として出現する
　超微量のDNAを検出できる
　遺伝子疾患の診断に有用
　犯罪捜査でも活躍する
　古代遺跡から採取されたDNAを分析して進化を語ることもできる

　しかし、世界的権威のある科学雑誌『ネイチャー』も『サイエンス』も、マリス博士のPCRに関する論文の掲載を拒否しました。両誌にマリス博士は論文を投稿したのですが、両誌とも編集部の返事は「却下」でした。
　マリス博士の論文は、両誌の読者の要求基準に

達しないので、審査基準の甘い雑誌に投稿されたし、ということのようで、マリス博士は口惜しさのあまり、しばらくのあいだ低い声で、呻（うめ）き続けたそうです。

皇后陛下に、スウィーティー！

　やがてマリス博士の論文に光が当たることになりました。光は東方から射しました。

　日本国際賞に選ばれたのです。

　日本国際賞の授賞式で、マリス博士は天皇陛下と皇后陛下に拝謁することができたのですが、皇后陛下に、なんと「スウィーティー（かわい子ちゃん）」と挨拶をしたそうです。

12

PCR検査で珍コロ感染者と断定するのはヘン

マリス博士はPCRを自慢する一方、
「感染症の診断に使ってはいけない」と警告

　PCRは、遺伝子疾患の診断に有用であり、古代遺跡から採取されたDNAを分析して進化を語ることもできる。マリス博士は、そのようにPCRを自慢していました。それにもかかわらず、「感染症の診断にPCR検査を使ってはいけない」と警告していました。

　なぜなのでしょうか。

　PCRは遺伝子（DNAやRNA）の超微細な断片を、数百万から数億、数十億倍に増幅すること

よって、遺伝子の配列を解読する装置です。

　ウイルスそのものを検出する装置ではありません。

　唾液などのサンプルの中に珍コロの遺伝子の一部があるかどうかを見て、珍コロウイルスの存在を判断します。

　そのため遺伝子の一部さえ合致していれば、インフルエンザウイルスや他のウイルスであっても反応します。珍コロウイルスがある、珍コロウイルス陽性と検出してしまいます。

アメリカのCDC（アメリカ疾病予防管理センター）は、PCR検査を使用しないと発表

　アメリカのCDC（アメリカ疾病予防管理センター）は、2021年7月21日に、「PCRの緊急使用許可（EUA）の撤回」を発表しました。「きわめて不確かなので、珍コロの判定にPCR検査を使用しない」と発表したのです。

　そして、「今後登場する（PCRに代わる）新し

い検査では、珍コロウイルスとインフルエンザウイルスの検出と鑑別が容易にできる」と説明しました。

これは、PCRでは、珍コロウイルスとインフルエンザウイルスの識別が難しいということを、暗に認めていることにほかなりません。

死んでいても、感染力のないウイルスでも、 PCR検査では陽性になる

微細な遺伝子を増大させて、その遺伝子情報が、珍コロウイルスに合致すれば陽性になるということは、死んだウイルスであっても陽性になるということです。

きわめて微量な感染力のないウイルスであっても、陽性になる、ということでもあります。

「ウイルスに感染した」という状態は、一般的に「身体の免疫が低下したり、体力が減退していたりする人において、身体のバリアをすり抜けてウイルスが侵入し、身体の中でウイルスが増殖して

いる状態」を言います。

　その状態であるか否かを判断するには、PCR
検査は不的確です。

「PCR陽性者」であっても
珍コロ「感染者」と断定してはならない

　珍コロウイルスの死骸があっただけ、珍コロウ
イルスに似たウイルスの切れ端があっただけで、
PCR検査では「陽性」と判定されてしまいます。

　これはとても重要なことなのですが、一切報道
されていません。しかしながら、専門家はもちろ
ん、関係者のほとんどは、知っていることです。

　そればかりか、初期には「PCR陽性者」と報
道されていました。それがいつのまにか、珍コロ
「感染者」と報道されるようになりました。

　言うまでもありませんが、たとえ本当に珍コロ
ウイルスが検出されても、即「感染者」とは言え
ません。

　「顔についていたのを、読み込んじゃうこともあ

る」という人もいます。たしかに身体内部ではないところのウイルスを、PCRは増幅し読み込んでしまうこともないとは言えません。

PCR検査は無料ではない

　報道からも変異種のオミクロン株感染者の7割がワクチン2回接種者であるというデータが出てきています。次に、このことを検証してみましょう。

　そもそもワクチンを無条件に信仰している人たちは、今回の珍コロ騒ぎに少なからず恐怖心を抱いています。

　咳が出ればPCR

　ちょっと熱が出ればPCR

　なんだか心配なのでPCR

　無料なのでPCR

　ということになっています。しかし、実際は無料ではありません。珍コロワクチン接種も無料ではありません。やってもらっている人が支払って

いないだけで、お金はちゃんと支払われています。
おそらくは相当に高額で。

　そのお金は、もともとは税金ですから、見えな
くなっているだけのことで、結局、支払っている
のです。

珍コロウイルスにも感染していたので
珍コロウイルス感染で死亡！

　珍コロに本当に感染して死亡する数と珍コロワ
クチン接種で死亡する数と、どちらが多いでしょ
うか。

　珍コロに感染して死亡した数も、珍コロワクチ
ン接種で死亡した数も、とても分かりづらくなっ
ています。

　〇〇がんで死亡したのだけれども、珍コロウイ
ルスにも感染していた。そのようなときには、「珍
コロウイルス感染で死亡」とされることもあるよ
うです。

　そのようなケースでも、がん保険はおりたとい

95

う話もあります。

13

子宮頸がんの
ワクチン接種が
約9年ぶりに再開

インフルエンザや麻疹のワクチンですら、
接種者の約7割弱が感染しているのに

　子宮頸がんワクチンは、約9年のときを経て、
2022年4月、再開されることになりました。

　子宮頸（けい）がんを予防するとされているワ
クチンは、原因となるヒトパピローマウイルス
（HPV）の感染を防ぐHPVワクチンです。約9年
ぶりの再開には、国の勧奨もあったようです。

　テレビCMでご覧になられた方もおられるので
はないでしょうか。

約9年間、HPVワクチンの積極的な接種は、なされなかったので、HPVワクチン接種を逃された女性は、原則無料で同ワクチンを接種できるそうです。

子宮頸がんは、「子宮頸部」に発生するがんで、HPVウイルス感染が原因です

子宮頸がんは、子宮の入り口付近の「子宮頸部」に発生するがんです。

年間約1万1千人の女性が子宮頸がんを発症し、約2900人の女性が子宮頸がんで亡くなっています。

子宮頸がんのほとんどは、HPVウイルス感染が原因です。HPVは、男性にも女性にも感染するありふれたウイルスであり、性交渉により感染します。

HPVに感染しても、90％の人は免疫の力でウイルスが自然に排除されます。しかし、10％の人は、感染が長期化し、「異形成」という状態になり、

そのうちの一部の人は、子宮頸がんに進行します。

接種後安静で失神を防ぐことができる？
それ以外の副作用は
ワクチン接種特有の症状ではない？？

　子宮頸がんを予防できるとされているHPVワクチンは、多くのケースで中学1年の間に3回接種が行われました。

　公費接種の対象は、HPV感染を防ぐ2種類のワクチンと、4種類のワクチンです。

　HPVワクチン接種により、注射部位の一時的な痛みや腫れなどがあったという事例がありました。迷走神経反射を起こし、失神した事例もありました。HPVワクチン接種による失神には、報告されなかったものもあり、件数はかなり多かったようです。

　そのほか、手足の痛みやだるさ、集中力の低下など、かなり多くのさまざまな副作用が報告されました。

　失神については、接種後30分ほど安静にする

ことで防ぐことができるとされました。

　手足の痛みやだるさ、集中力の低下をはじめとするさまざまな副作用については、HPVワクチン接種による特有の症状ではないということになりました。

　2022年4月の注意点は、新型コロナワクチンとHPVワクチンを含むそれ以外のワクチンは、同時に接種はできないということです。

「SLE（全身性エリテマトーデス）にかかり、寝たきりになった症例もあります」

　現在、日本で承認されている子宮頸がんワクチンの副反応被害者数は、全世界で2万8千661人。死亡者数は130人です。

　「しかし、これは報告された件数だけ。実際にはこの10倍以上の被害者がいると予想されています」という佐藤院長の投稿が、インターネットにみられます。

　もっとキツイものもありますが、比較的冷静な

筆致なので、子宮頸がんワクチンの副反応被害に
ついては、この佐藤院長の文章の引用を続けます。
「脳機能障害による意識低下で通知表オールＡだ
った少女の成績がガタ落ちしたり（ママ）、月経
のような出血、直腸からの出血も。なかには発熱、
全身倦怠感などの症状が出たり（ママ）、日本で
難病に指定されているSLE（全身性エリテマトー
デス）にかかり、寝たきりになった症例もありま
す」。
　子宮頸がんワクチンの副反応被害の実情は、お
そらくこのとおりだと思います。

14
「免疫錯乱状態」
「医原病」にも、
くれぐれもご注意を

多くの人が、珍コロウイルスでお亡くなりになっ
ている、と言われています
本当でしょうか

　ウイルスそのものにより死亡したのかもしれま
せんが、ウイルス感染を治療することによっても
死亡にいたることがあります。

　ウイルス感染したのだけれども、なんだかよく
わからないので、取り急ぎ熱を下げようと、解熱
剤、風邪薬などを服用。

　そうすると、かなりの確率で免疫錯乱状態に陥
ります。いわゆるサイトカインストーム（免疫錯

乱状態）です。

　これがけっこう多く、しかもかなり危険です。死に至るケースも少なくありません。

　ですから、珍コロウイルス感染に限らず、なんらかの治療を受けるときには、サイトカインストームに陥らない注意が大切です。

　サイトカインストームは、簡単に言うと「本来自分の体を守るべき免疫の暴走」です。

　ウイルスをやっつけてくれはするのですが、自分の免疫が自分の体も攻撃してしまう。それが、「免疫の暴走」であり、「免疫錯乱状態」すなわちサイトカインストームです。

医療行為が原因の医原病は、
意外に多い

　検査、薬剤投与、外科治療などの医療行為が原因となって引き起こされる病気を、医原病といいます。

　ですから、医原病はとくに医療関係者にとって

は「あってはならない病気」「起こってはならない病気」です。

　しかし、これが意外に多いのです。カルテに書かれることは、ほとんどないのですが。

スペイン風邪には、医原病の側面が？
活かそうスペイン風邪の教訓

　珍コロウイルスは、約1世紀前に世界に猛威を振るったインフルエンザの一種であるスペイン風邪と、しばしば比較されます。

　スペイン風邪は、当時の世界人口の25〜30％が感染し、全世界で約4000万人が死亡しました。日本でも約2300万人が感染し、そのうちの約38万人が死亡したとされています。

　そのスペイン風邪は、治療に使ったアスピリンが原因であった医原病だという説があります。

　原因のすべてがアスピリンであったわけではありませんが、感染拡大の大きな原因になったのではないでしょうか。

珍コロウイルスに、スペイン風邪の教訓を活か していただきたいものです。

🥄 お薬と
サイトカインストーム（免疫錯乱状態）

医聖ヒポクラテスは、ほとんどの「病気の原因 は食にあり」という言葉を残していますが、これ は本当です。

食を見直しても治らない病気はない、といって も過言ではありません。

私自身、糖質摂取を制限しただけで40年近く も続いた偏頭痛が、ピタリと治まりました。

食習慣を改善することにより、
ほとんどの病気が治る

当院の患者さんで、思い切って1ヶ月ほど断薬 することにより、うつ状態がほぼ改善されました。

断薬とは、薬を断つ、薬を飲まないということ

で、一種の食改善でもあります。

　この方は、うつ病と診断され、10年ほどのあいだ薬漬けになっていました。

　肝臓ポリープで8年間通院加療していた人が、食事指導による食改善で、ほぼ三ヶ月で、ポリープがなくなったこともありました。

　お酒を飲まない人なのに、γ－GTP値が300という人がいました。γ－GTP値の正常値は50くらいですから、ケタ違いに高いと言えます。

　その方が、断薬と食習慣を改善することにより、3ヶ月くらいのあいだに、100を切るまでに改善しました。

適切に食べて、
病気やけがの治療は必要最低限に

　食べたり飲んだりして、体の調子悪くなるような物は摂取しないことです。

　だからといって、たんに食を細くしてしまうと
免疫が落ちてしまうので、食べた方がいいものを、
しっかり食べるようにしましょう。

　加療（病気やけがの治療）は、必要最低限にし
ましょう。

　必要最低限の加療とは。

　1.緊急時で外科的処置が不可避の時。

　2.重症な感染症で、命が危なく、抗生物質の投
　　与が必要なとき。

　特に目立った症状がない時（健康時）には、検
査は不必要ではないでしょうか。

解熱鎮痛薬は、緊急時に一時的に使うことに
止めましょう

　解熱鎮痛薬は、医原病をもたらす薬のナンバー
ワンです。麻薬あるいはほぼ同じですが精神薬に
匹敵します。強い常習性があります。

　鎮痛剤中毒という言葉は有名です。

飲むほどに痛くなることがままあります。

解熱作用があるということは、免疫力を低下させます。

これを服用すると、胃潰瘍の副作用、腎障害の副作用が、よく表れるようになります。

緊急時、どうしても痛いときに、一時的に使うだけにしましょう。

風邪薬（感冒薬）は、風邪の治りを悪くし サイトカインストーム（免疫錯乱状態） 感染死を引き起こすこともあります

風邪薬（感冒薬）は、解熱鎮痛薬の成分に別成分が入っていることもあるので、あえて分けます。

解熱成分はもちろんのこと、他の成分も風邪の治りを悪くします。

サイトカインストーム（免疫錯乱状態）を引き起こすこともあります。感染死を引き起こすこともあります。

風邪薬の他の副作用は、解熱鎮痛薬とほぼ同じです。

15

情報には必ず
意図がある！

珍コロウイルスは、
本当にワクチンが必要なのでしょうか

珍コロワクチン（感染症第2類）は、インフル
エンザやエイズ（感染症第5類）よりもはるかに
危険です。動物実験をすっ飛ばして緊急承認させ
た2023年1月まで治験中の薬剤です！

珍コロウイルスは、5年後、10年後のリスクが
不透明なワクチンを、いますぐ、焦って接種しな
ければならないほどの重篤な病気なのでしょうか。

珍コロワクチン接種での死亡者数は
テレビでは報じられません

　珍コロワクチン接種で、接種後4時間以内に、もうすでに1100人以上の人が亡くなっています。これは紛れもない事実です。しかも、はっきり分かっているだけの数字です。

　はっきり原因を特定できないものや、珍コロワクチンが原因だと特定できるのだけれども、4時間以上経ってからの死亡。それらを加えると、少なくとも何倍にもなると思われます。

　接種後4時間以内の死亡者は、厚労省のホームページの正式発表で確認できます。しかし、テレビ放送には出ません。

繰り返しますが、国民の98.93%は、
陽性にすらなっていないのです

　テレビのニュースでは、最近は減っていますが、一時は毎日何回も「今日は〇〇人が感染！」と発

表されました。そのせいか、非常に恐ろしい殺人ウイルスのように思ってしまった人、いまも思い続けている人が少なくありません。

　冷静になって、よく考えてみてください。1日数千人単位で珍コロ感染者が出ていたとされる時期に、あなたの身の回りに、珍コロ感染者がゴロゴロいましたか。

　当院の患者さんに聞くと、

「私のまわりには、ほとんどいないのですが」

　と、おっしゃいます。

　繰り返しますが、日本の総人口は1億2530万人。コロナ陽性者は2021年8月23日の時点で134万人。

　つまり国民の98.93%は陽性にすらなっていないわけです。

　それに、陽性者のなかには「無症状感染者」もいるわけです。「無症状感染者」というのは、珍コロではじめて定義されたのではないでしょうか。これまでにはなかったし、ありえなかったことではないでしょうか。

　それがいまでは、無症状感染が怖い、無症状感

染者が、まわりの人に感染を広めている！

　だから、感染症の診断としてPCR検査をしましょう。そのようなキャンペーンなのかもしれません。

ADE＝抗体依存性感染増強により
珍コロが感染拡大している可能性もあります

　ワクチンは、粘膜などヒトの感染の経路をすっ飛ばして、体内にやってきます。人工的に作られたウイルスやウイルスの情報を、注射によって体内に注入するわけです。

　だから予防効果はないという説もあります。重症化を防ぐ効果もないという説もあります。

　そのうえ、ワクチンを打つと抗体ができます。その抗体によって、免疫細胞などのウイルス感染を進めてしまう恐れがあります。

　これを、ADE＝抗体依存性感染増強といいます。珍コロは、これで感染拡大している可能性もあります。

ウイルスやウイルス情報をいれても、
そう簡単には免疫はできない

「風邪」や「感冒」は、一部に細菌感染がありますが、ほとんどがウイルス感染症です。

身体の免疫が低下していたり、体力が減退したりしている人は、身体のバリアをすり抜けて、ウイルスが侵入しやすくなります。

身体の免疫が低下しているので、免疫細胞がウイルスに勝つことができません。ウイルスをやっつける役割の免疫細胞がウイルスに負けると、ウイルスがわが物顔でどんどん増殖していくことになります。

ヒトの身体は、ウイルスやウイルス情報を入れたからといって、簡単に免疫ができるような安直なものではないのですね。

16
暗殺された、暗殺されかかった米大統領の共通点

　複数の学者は否定しているが、米国民の約半数が、ディープステイトの存在を信じている。

　ドナルド・トランプ元米大統領とその高官らは、在任中に繰り返し「ディープステイト」について言及した。

選挙演説中に銃撃され昨日、安倍元首相が凶弾に斃れました

　昨日、安倍元首相が暗殺されました。テレビ放映を見ると、至近距離からの最初の1発は当たっていないようですが、その後に命中したようで、

なんだかヘンです。

　真相がはっきりすることはないとおもいますが、いずれもう少し、いろいろなことがはっきりするでしょう。そのときに、詳しいことをお知らせらせることにして、ここではアメリカ大統領の暗殺、暗殺未遂の歴史を振り返ってみましょう。

　そのまえに、あまりよく知られていませんが、円を印刷している日本銀行は、じつは国の機関ではありません。英国も米国も同じです。

　ドルを印刷する権利を、米国に取り戻そうとしたので、ケネディ大統領（当時）は暗殺されたという説もあります。

　もっともその説を、東京12チャンネルの「都市伝説フリーメーソン」が上回っています。ケネディ大統領が宇宙人の存在を明らかにしようとして暗殺されたというのですが……。

ケネディ大統領は、政府紙幣を発行したが、暗殺後に奪い返された

1963年6月4日、政府紙幣の発行を財務省に命じるケネディ大統領の行政命令が、実施されました。ケネディ大統領が発行を命じた政府紙幣は、FRB発効の銀行券と同じデザインで、政府券と印刷されていました。

このケネディ大統領命令により、財務省が発行した政府紙幣の総額は、42億ドル（当時1ドルは360円でした）でした。

その42億ドルは、ケネディ大統領が暗殺された（1963年11月22日）その年のうちに、回収されてしまいました。

暗殺された米国大統領は、ケネディ大統領を含めて5名（あるいは4名）

暗殺された米国大統領は、第35代ケネディ大統領の他に4人おられたようです。

第16代 エイブラハム・リンカーン大統領

第20代 ジェイムズ・ガーフィールド大統領

第25代 ウィリアム・マッキンリー大統領

第29代 ウォレン・ハーディング大統領

ウィリアム・マッキンリー大統領は、2度銃撃され、6日後に容態が急変し、死亡しました。

そのあと大統領職になったのが、副大統領であったセオドア・ルーズベルトです。

マッキンリー大統領が暗殺された後、連邦議会は、「アメリカ合衆国シークレットサービス」にアメリカ合衆国大統領身辺の護衛を公式に課することになりました。

しかし、第29代ウォレン・ハーディング大統領、第35代ケネディ大統領と、それまでとは変わらず大統領暗殺が繰り返されました。

ただし、ハーディング大統領は病死ということになっています。57歳で病死ですから、おかしいですね。

さらにハーディング大統領は、いまでも「米国最低の大統領」だと言われています。しかし、ハーディング大統領時代に、米国の失業率は半分にまで激減しています。

　ケネディ大統領の暗殺は、白昼堂々、大勢の米国民が見ているなかで行われました。

　アメリカ合衆国シークレットサービスは、まじめに身辺の護衛を行っていたのでしょうか。

アメリカ　ファースト！
ジャクソン大統領、トランプ大統領

　暗殺されかけた米国大統領は、2人から3人です。

　第7代　アンドリュー・ジャクソン大統領
　第40代　ロナルド・レーガン大統領
　第45代　ドナルド・トランプ大統領

　第7代アンドリュー・ジャクソン大統領は、決闘で有名な大統領です。

第40代ロナルド・レーガン大統領は、所得税の使い道を調べることにより、銃弾を受けたことになっています。

第45代ドナルド・トランプ大統領は、大統領候補に浮上したときから水面下で「暗殺計画」が進行していたそうです。

2期目の大統領就任が「不正選挙によって奪われた」ということについては、米国ではもはや公然の秘密になっているようです。

トランプ大統領の執務室には、ジャクソン大統領の肖像画が飾られていました。「アメリカ第一、アメリカ　ファースト」を、最初に叫んだのは、トランプ大統領ではなく、ジャクソン大統領でした。

トランプ大統領の執務室には、アンドリュー・ジャ
クソン大統領の肖像画 (中央の絵) が飾ってあった。
かつての Wikipedia より

通貨発行の権利は奪い返され、
現在に至っています

　暗殺された大統領、暗殺されかけた大統領には
共通点があるとの指摘があります。

　国立銀行でドルを発行しようとしたり、金本位
制を国際基準にしようとしたりするなど、国際金
融を支配している勢力と戦ったという点です。

　トランプ大統領以外のこれらのアメリカ大統領
は、いずれも不幸な死に方をし、通貨発行の権利
は奪い返され、現在に至っています。

　ケネディ大統領の暗殺についての蛇足です。

　テキサス州のダラスで、オープンカーに乗って
いたところ、同時に複数の銃弾を浴び、殺害され
ました。その映像は公開されているので、ご覧に
なった方も多いと思います。

　同時に複数の銃弾を浴びたのに、オズワルドの
単独犯とされ、オズワルドは警察署内で射殺され
ました。裁判になる前に、警察署内で射殺され、
一件落着となったのです。

　国の情報、捜査、治安、司法、米国ではCIA、
FBIも手を組んでいなければ、このようなことに
はならないとの見方があるようです。

　バイデン大統領が誕生したとき、米国の裁判所
はモタモタとしていて、選挙不正の申立てを、門
前払いにしました。

　選挙人を大幅に上回る投票が行われたのですか

ら、不正は明らかであったのですが、裁判所はいきなり門前払いにしました。調べることはもちろん、裁判をおこなうこともしなかったのです。

裁判所は「裁く」ところなので、公正なところであるというイメージがあります。ですから、裁判所が門前払いをしたので、「裁判するに値しない訴え」と思ってしまわれた方もいらしたのではないでしょうか。

それが違うのですね。国の情報、捜査、治安、司法が手を組めば、オズワルド単独犯となり、罷り通ってしまったのです。

つい最近も自由と民主主義の国（であるとされている）米国で、不正選挙が罷り通り、バイデン大統領が誕生しました。

振り返ればロシア革命も、血の日曜日事件によって始まり（ロシア革命）、軍事革命委員会がソヴィエト権力の樹立を宣言することにより、ソビエト連邦誕生となりました。革命政権は選挙で選ばれたわけではないので、正統性はないことになるのですが（民主主義の原則からすると）、国の

情報、捜査、治安（軍隊）、司法を、革命政権が握ってしまったので、そのまま推移することになったようです。

　いまの世の中がこうなっていることには、必ずだれかの、あるいはどこかの意図があると見た方がいいのではないでしょうか。いろんなことが偶然に起きることはなく、自然に発生しているわけでもないと見た方がいいのではないでしょうか。

17

病気の発生原因はひとつではない

　病気になるには、必ず原因があります。ですから、その病気は何が原因であるかを突きとめることは、とても大切です。

　なぜ私はこの病気になったのか。私のどこがこの病気を呼び込んだのか。そういったことを根本的に考えなければなりません。

　「遺伝である」とか「ストレスである」ということですましていてはいけないのです。

乱れを整え、歪みを直し、
流れをよくする

　癌を発病したとき、切り取ってしまえば終わり
でしょうか。

　それは違いますね。切り取っても、またほかに
できたりすることがよくあります。

　何が原因で、なぜその場所に癌ができているの
か。それを根本的に考えましょう。

　過去に消化しきれない物事を抱え、そのことに
より、思考が乱れ、食が乱れ、生活が乱れる。そ
れが長年積み重なって、胃癌ができてしまったり
するのです。

　ということは、消化しきれない物事を消化でき
れば、癌にはならないということです。

　しかし、それができないから癌になったので、
消化しきれない物事を立ち向かうことができるよ
うに、心を強くすることも大切です。

　長年積み重ねてしまった乱れを整える。歪みを
ひとつずつ直してきれいにしていく。渋滞してい

るところを、軌道修正して流れをよくする。その
ような作業が大切になってきます。

病気の発生原因は
1つではない

　たとえば歯周病です。歯周病のすべてがブラッ
シング不足ではありません。もしブラッシング不
足が問題なのであれば、まともな歯ブラシがない
国の人々は、みんな歯周病だということになって
しまいます。

　イヌイットの人たちが、エスキモーと呼ばれて
いた時代、いい歯ブラシなどなかったでしょう。
だからみんな歯周病になっていたかというと、そ
うではありません。歯周病も虫歯も、ほとんどな
かったようです。

　だからといって、ブラッシング不足でも歯周病
にはならないと、言っているわけではありません。

　病気の発生原因は1つではない。

　そう言いたいのです。

重症であればあるほど、
考え方自体を変えていく必要がある

その病気に罹り、その場所に病巣ができるには、理由があります。しかし、なぜその病気に罹り、なぜその場所に病巣ができているのかを、病気になった人は考える必要があります。

それを考えない限り、薬を飲もうが、薬を塗ろうが、切り取ってしまおうが、できてしまった病気が治るということはないでしょう。

断食したら治った。デトックスをしたら良くなった。しっかりブラッシングしたら治った。

そのようなこともあるでしょう。だからといって、すべての病気に当てはめると、取り返しのつかないことになってしますます。ちょっとしたことで治ったのは、軽症だったからでしょう。

重症であればあるほど、考え方自体を変えていく必要があるのです。

18

砂糖の害

「1日3食」なんぞ
食べてはいけない

　私たちは、古代の人間、現代の先住民、さらには野生動物などの食習慣を見習う必要があります。

　そうして、気がつかなければなりません。「1日3食」なんぞ、食べてはいけないと。

　1日3食という食生活は、江戸時代の後期のあたりから始まったようです。しかし、みんなが1日に3回食べていたわけではなく、金持ちの間だけだったようです。

　江戸時代後期の金持ちが、1日に3回食べていた米は、精白米でした。そのため、「かっけ」が流行りだしたようです。

一般の庶民は、精白米はもちろん玄米なども十分に食べることはできていなかったので、「かっけ」にはならずにすみました。

江戸時代後期の金持ちは、1日3食という食生活を確立していたので、みんな恰幅のいい健康体になったかというと、そうではありません。

1日にしっかり3回食べることによって、「かっけ」以外の病気も増えました。いまでいう生活習慣病、成人病が増え始めたわけです。

朝食抜きの人が、
いたって健康だったり

私のクリニックにおいても、糖尿病の患者さんに、根本治療の考え方や食事について指導することがあります。糖尿病の患者さんは、インプラントが抜けやすいので、糖尿病改善のための食事指導することが多くなります。

街の内科クリニックでは、3食は絶対に必要、朝食は1日のはじまりの食事であり、身体をしっ

かり目覚めさせるためにも、食べなければなりません。そのように言って、治療薬なども飲ませているようです。

　しかしながら、早起きが苦手で、よく寝るために朝食を食べる時間がなくなってしまう。それでもいいかと、朝食抜きの一見グータラな人が、いたって健康というようなことが、現実にはあったりするのです。

食品最強レベルの毒
それは糖質

　私のクリニックは歯科なので、砂糖ととくに縁が深いのですが、近年、次のような症状、行動を診ることが多くなって来ました。

　あえて病名をつけます。

　ファントムバイトシンドローム
　トゥースコンタクティングバビット（TCH）

　これらは、心因的なものが原因と考えられます。そのような症状を診ることが多くなってきました。

　それにともない不定愁訴や強迫性障害の患者さんも多くなってきています。これらの患者さんは、クレーマーになりやすい人でもあります。

　不定愁訴、強迫性障害などは、依存体質、精神的、感情的弱さからくるものが多いようです。

　したがって、不定愁訴、強迫性障害治療は、まずは精神的、感情的弱さの克服からということになります。

不定愁訴、強迫性障害、精神的弱さの克服は、糖の摂取を減らすことから

　不定愁訴、強迫性障害治療、精神的弱さの克服を、私は「直接糖」の禁止からはじめています。

　白砂糖はもちろん、代用甘味料のスクラロース（砂糖の600倍の甘みが身体にいいわけがありません）、てんさい糖、黒糖、メープルシロップ、ハチミツ、ケーキなどのお菓子全般を禁止、ある

131

いは摂取を大幅に控えていただきます。

　漢方医などは、そのうえコーヒーなどの興奮させるものなども禁止するのではないでしょうか。

腸管透過性の亢進、リーキーガットリー症候群は、全身症状を引き起こします

　腸は、食事とともに毒素や微生物が体内に侵入するのを防ぐ機能を持っています。それが、さまざまな理由でバリア機能が低下することにより、毒素や微生物が通過してしまいます。

　そのようになってしまった状態を、「腸管透過性の亢進」といいます。これが近年話題となっているリーキーガットリー症候群です。

　腸でのことですが、全身に影響しさまざまな症状を引き起こすために、「症候群」と呼ばれています。治療も、その病的状態により同時に起こる一連の症候に対して行われます。

　通常、腸から漏れ出した異物が全身を駆け巡りさまざまな悪さをします。そのため、腸の下痢に

とどまらず、うつ、アレルギー、自己免疫疾患などの全身症状を引き起こします。

糖質は、あらゆる病気の原因になると言っても過言ではありません

　糖質は中枢神経興奮作用があり、身体的にも精神的にも強い依存性があるうえに、脳に障害を与える作用もあります。

　摂取すると「美味しい」だけでなく「心地よい」と感じるようになり、糖分が切れてくると精神的に不安定になります。これらのことは、覚醒剤とまったく同じです。

　糖質は、虫歯や歯周病はもちろんのこと、歯ぎしりや、食いしばりの原因にもなります。インプラントでは、骨と生着しづらくなり、脱落しやすくなります。

　骨粗鬆症を増やし、アレルギー、精神病などの原因にもなります。あらゆる病気の原因になるといっても過言ではありません。エビデンスを揃え

るのがひどくたいへんなので、わかってはいても、
言ったり、論文に書いたりする人はいないのです
が。

砂糖はいい、塩を悪いと信じている人、それぞれこんな面もあります

砂糖は疲れをとってくれるし、脳の栄養にもな
る、ということで、気にしない人もいますが、こ
れは間違いです。甘いお菓子メーカーの洗脳とい
ってもいいかもしれません。

海水を日光でキチンと干してつくった塩には
Na、mag、Ka など天然のミネラルが含まれてい
ます。

塩は殺菌効果が高く、血液や血管での殺菌効果
も期待できます。海水からちゃんとつくった塩だ
と、異常に血圧を高めて病気を発生させる心配は、
ほとんどないでしょう。

マスコミは
もともと洗脳のツール

　ワクチンに関して、国は決して強制ではなく、あくまでも希望者と言いながら、社会の風潮を上手く利用して（あるいは社会の風潮を上手くつくって）、強制化しているのではないでしょうか。

　子どもの発達障害についても同様です。

　マスコミというのは、米国では洗脳のツールとして開発されたものです。日本は戦争に負け、米国占領体制下で、自主規制によって、GHQが定めた「プレスコード」を遵守することにより、紙を得て、新聞の発行なども継続できるようになりました。

　米国と戦ったのは3年ほどでしたが、米国占領体制は7年ほども続き、日本のマスコミは、米国以上に「洗脳のツール」そのものに成り下がり、現在に至っています。

　テレビについては、電波の許認可を郵政省が握

っているので、もちろん言いなりです。番組制作者は、スポンサーの顔色を一生懸命に伺っていることは、ときどき漏れてきますが、もっと根もとの方でしっかり牛耳られているのです。

　ネットは自由かというと、そうではありません。グローバリズム勢力に牛耳られています。珍コロワクチン関連で、日本から14兆円ほども直接、間接に持って行ったかもしれない勢力と同じ考え方をしています。14兆円ではなく、40兆円だという声も聞かれます。

　珍コロ騒ぎが思ったほど大きくならなかったので、ウクライナ人を追い出して、ロシアに攻めさせた、おもに米国に巣くっているというか、米国を支配している勢力も、同じような考え方をしているようです。

砂糖の毒性を具体的に、
はっきりここで述べておきます

　私はいつも診療室内外でお砂糖は猛毒であると

言い続けているのですが、女性の患者さんには、極めてウケが悪い！

　砂糖の毒性は、もはや常識で、とくに内科医なども異口同音ではありますが、同じことを言っています。

　白砂糖はそもそも精製されたものであり、残念ながらミネラルはほとんど存在していません。体内でそれを代謝する際には、カルシウムやビタミンＢなどを使い、使い切ってしまうと虫歯ができやすくなります。そのうえ、身体の代謝機能に異常をきたす原因にもなり、身体の代謝機能が狂い始めます。

　精神に異常をきたすこともあるのですが、このことをはっきり言いきっている人はいないようです。

　精神に異常をきたす恐れがある。
　ネガティブな感情が湧いてくる。
　聞き分けが悪くなる。
　自己主張も強くなる。

不定愁訴症状が増える。

　以上のことを、私はここではっきり述べておきます。

　白砂糖だけではありません。三温糖、甜菜糖、黒糖も同じ結果になります。

蜂蜜も砂糖と同じ
悪い働きをします

　近年、私の患者さんなかにも、蜂蜜が身体に良いとマスコミの情報を鵜呑みにしている人がいます。健康のためと、朝っぱらから、紅茶にもパンにもヨーグルトにも蜂蜜を入れて、召しあがっているそうです。

　砂糖は身体に悪いから、蜂蜜にしているということのようですが、蜂蜜も残念ながら有害です。

　上質な蜂蜜は、大量にミネラルを含んでいることは間違いありません。あくまでも「上質な蜂蜜」との注釈をつけておきますが⋯⋯。

　しかし、代謝の際にミネラルを消費することを
忘れてはなりません。

　また蜂蜜は東洋医学的に言うと「気付け薬」の
役割です。蜂蜜の糖分は、血糖値を急上昇させる
ことができるため、死にかかった人に蜂蜜を舐め
させて血糖値を急上昇させることにより、救命し
てきたわけです。

　蜂蜜はそれほど威力のあるものです。それを毎
日摂取すると、体がどんなことになるのか。体に
どんな害を及ぼすのか。考えると恐ろしくなりま
すね。

精製されていなければいないほど、マトモな食べ物です

　お砂糖全般、チョコレート、クッキー、スナッ
ク菓子など、直接的な糖（直接糖）を摂ることは
極力避けるべきだと、私は考えます。

　米などの炭水化物や根菜類など、噛むことによ
って糖がゆっくりと体内に吸収するもの、いわゆ

る間接糖については、それほど強い敵対心を持つ必要はないでしょう。

　さらにもっと簡単に言うと、精製されていないほど、マトモな食べ物なのです。ごはんをよく噛んで食べると甘い。ニンジンを食べると甘い、玉ねぎを食べると甘い。それらが本来の甘味です。

19

ニコチン中毒になりやすいのは電子タバコのほう

インプラント周囲の骨が溶けていたりするので、
私なりに精査しました

　最近、一部であるとは思いますが、人気沸騰の電子タバコ。普及するにつけ、猛威を振るっているようで、私も無関係ではなくなってきました。

　患者さんのお口の中を診ると、歯周病が進行していたり、インプラント周囲の骨が溶けていたりするのです。そのような状態を、しばしば診るようになりました。

　そこで私なりに精査しました。

電子タバコのニコチンの量は、
従来のタバコと同じかそれ以上

　電子タバコは、これまでのタバコと比べると短いのですが、ほぼ4分の3がフィルターです。フィルターが長いということは、それだけで毒性が高いと考えなくてはなりません。

　電子タバコは、タールを90％減量したので、健康被害は少ないということになっています。ところが、葉っぱは従来のタバコと同じものを使っています。しかも、細かくして詰め込んでいるため、葉っぱの量は、従来のタバコと同じかそれ以上です。

　ということは、ニコチンの量は、従来のタバコと同じかそれ以上ということです。

「ニコチン中毒」にならないように
気をつけてください

　ニコチンは、毛細血管を縮小させ、骨や筋肉、

歯肉等の代謝を抑制する作用があります。それは、毛細血管、骨、筋肉、歯肉をダメにすることにほかなりません。

　急性ニコチン中毒でぶっ倒れる、または死亡する量は、成人ではタバコ二本です。ですから、タバコ二本を丸呑みすると、ぶっ倒れたり死んだりします。子どもだと、2分の1本から一本で同じことになります。

　またニコチンは、中毒性を引き起こすホルモンであるドーパミンを放出します。そのため、減煙や禁煙の手助けになることはありません。逆に、タバコへの依存を強めることになります。

　だからこそ、「ニコチン中毒」という言葉があるのです。

20
人間の心理

マスコミ全紙が「世紀の茶番劇」と報じたアントニオ猪木とモハメッド・アリの「格闘技世界一決定戦」。小学生だった私は、「あれこそがリアル・ファイト」だと思った。
あの時以来、アントニオ猪木が私の中に棲み続けている。

優れた受け身が、技を綺麗に見せる
信頼関係から感動的な試合が生まれる

　最近の若者は、自分を表現することが苦手ではないでしょうか。喜び、怒り、それに愛情も含めて、表現することが苦手になってきているようです。

　時には見栄を切ったり、見せ場を作ったりすることも大切だと思うのですが、これも苦手なようです。

　それらのことに直接ではありませんが、深いところで関連する言葉があります。アントニオ猪木の言葉です。引用します。

※

感情を表現することにある。

受け身は、自分を守るだけのものではない。

優れた受け身は、かけられた技が綺麗に見える。

攻撃は観客に勇気と力を与える。

相手にケガをさせないのもプロフェッショナルとしての技術だ。

プロレスの最大の魅力は、人間が元来持っている怒りや苦しみといった感情を表現することにある。漢字の「人」という字は、互いに支え合っている。

　感動的な試合や激しい試合は、戦うレスラー同士の信頼関係から生まれる。

※

ガチだからの足蹴り（アリキック）
私は最初から、これはガチだと思った。

「なぜ、私はこの病気に罹っているのか」と、自分と向き合うことが、治癒への正しい第一歩

　当院には不定愁訴を抱えた患者さん、「他院で治らない」「治療でより悪化した」などの問題を抱えた患者さんが、多く訪れます。

　受けた医療に問題のある場合もありますが、それはほんのわずかです。ほとんどケースで、患者さんご自身に問題があります。それが「治療でより悪化した」などの事態を生み出しています。

　そのことに気がつけば、病気はいっきょに治りやすくなり、やがて治ります。

「なぜ、いま、私はこの病気に罹っているのか」

「この病気でいるのか」

　と、自分と向き合ってください。

　それが、治癒への正しい第一歩なのです。

　いつも被害者だと思っている人は、本人は気がついていませんが、嘘つきです

　病気や怪我は、偶然ではなく必然であるという

考え方もあります。ちょっとキツイですが、因果応報という考え方もあります。

治らない患者さんには、共通する言動があり、行動パターンがあります。

下記にまとめてみました。

① その人はいつも被害者です

被害者意識は、根源的な深層心理の1つです。

その被害者意識によって、自分の立場を有利にし、高めたつもりになっています。

② その人は、悪意はなく、自分でも気がついていませんが、嘘つきです。

「嘘」や「正当化」は、防御意識の裏返しです。

自分を守るため、自分を防衛するために嘘をつくのです。

そのことにより、心理的に優越感を得ることができ、もし何かあっても相手に責任を押し付けることができる。実際にどうなるかは別として、本人はそのように思い込んでいます。

③　その人自身は、自分が嘘をついていることに
　　気がついてない。自分の嘘そのものにも気が
　　ついてない。

　上記の中心部分を、再度取りあげます。

「治りたい」と言っている患者さんが、本心から
治りたい、本気で治りたいと思っているのなら、
もうすでに治っているはずです。

　多くのケースで、効果的な治療を開始していま
す。治療を開始していないときは、自分でアドレ
ナリンなどを出して、自然治癒に導いています。

　治りにくい患者さんは、ほとんどのケースで、
治りたくない理由を持っています。

　治りにくい患者さんは、治りたくない患者さん
なのです。

　治りたくない患者さんが、なぜクリニックに来
るのかというと、おそらく承認欲求を満たすため
でしょう。

　そのような患者さんが、「クレーマー患

149

者」になりやすいようです。

④　問題の全ては自分自身の中にある。
　以上のすべてを一言で言うと、このようになり
ます。

21

すべて自分のなかから
すべてのことは自分から

歯科医院で噛み合わせを調整され、
噛めなくなった、食事が美味しくなくなった

　歯科医院で噛み合わせを調整され、それ以来、噛めなくなった。

　歯科医院で噛み合わせを調整されてから、食事が美味しくなくなった。

　このような症状を持つ患者さんが、次から次へと当院に押し寄せてきます。

　これらは、実際の噛み合わせの不調によるものではないとされています。近年ファントムバイトシンドロームと呼ばれるようになりました。

「クレクレ君」「グーミン（愚民）」などと、ネット呼ばれている

　病人であることや病気を誇らしげにしている人々を、最近はネットで「クレクレ君」や「グーミン（愚民）」などと呼ばれています。

　これらの人を、日々診察室などで観察すればわかります。ほとんどの治らない人たちは、同じ反応、同じ行動パターンを繰り返します。

　すべての問題を作ってきたのは、じつは自分であると気づき、自分の歩みを軌道修正し、言動を改善した人は、みるみるよくなっていきます。

　いつも自分は被害者であり、まわりの人が悪いと思い続けている人、逃避し続けている人、自己正当化し続けている人は、お気の毒ですが、良くなることは難しいでしょう。

自分はつねに被害者である
という人の口癖は

　自分は被害者であり、まわりの人が悪い。

　問題から逃避し、自己正当化する。

　それらの人が、よくなっていかないのは、病気だけではありません。普段の生活も、その人の人生も、おそらくよくなっていかないでしょう。

　それらの人々は、「でも」「しかし」「だって」と、よく言います。

　それに、次のようなこともよく言います。

「ここをちょっとだけ調整してもらえれば、きっと良くなると思う」

　自分は被害者であるということからの、お決まりのセリフは、次の2つです。

「他の歯医者で○○された！」

「私は悪くない。○○が悪い」

　そのほかに、「根拠あるの？」という言葉もよく使います。

　テレビによく出る御用学者の言うことや、甘い

言葉に、すぐに自分を委（ゆだ）ねてしまいます。
そのようにすることによって、問題を直視しない
ようにし、そのうち直視しようとしてもできなく
なってしまうのです。

こんな行動の繰り返しが
人を悪化させる

不穏になった家族関係を修正しないままでいる。

勤め先での行き詰った人間関係を、放置し続ける。

問題があったら、目をつぶる。

やると言いながら、自分では何もやらない。

人に頼ってばかり。

質問をし続ける。

政府が助けてくれると勘違いする。

クスリや医療の裏側を調べない。

何を食べるべきかを真剣に考えない。

そんなことの繰り返しが、その人とその人の人
生を、どんどん悪化させていきます。

私たちは本当のことが報道されない社会
情報戦争時代に生きているのです

「なぜ、世界中で珍コロの死者が増えているの」
という質問がありました。

お答えします。

米国については、人口が多く、検査数も多いと
いうことがあります。

さらに、病院でなんらかの病気で亡くなった患
者さんが、珍コロに感染もしていたら、「死因を珍
コロにする」ということが行われているようです。

そんなことが！

そう思われるかもしれませんが、本当のようです。

交通事故で亡くなっても「死因を珍コロにする」
ということが行われている、とも言われています
が、これは「まさか！」ですね。

とは思いますが、あるかもしれません。

私たちは、いま、そのような時代、そのような
社会に生きているのです。

そのことを、自覚しましょう。

22

国際的な機関から
各国健康機関に
出されている?

　WHOが、珍コロに関する新しいガイダンスで、
「珍コロウイルスに感染しているおそれがある」
と判断される場合には、ウイルスの検査をしなく
ても「死因を珍コロウイルスにするように」と、
世界中の健康機関に指示をしているようです。

　米国では、珍コロと診断をつけた患者さんを診
るごとに、三桁の補助金が出ています。

　日本も、桁は違いますが出ているようです
……。

　日本においては、厚生労働省がWHOと同様の
通達を出していることは確認しました。

　多くの国が、珍コロの診断をつけたほうがお得
ということにして、誘導しているかもしれません。

　これは、医師の死亡診断を覆すということです。
医療の根源を変えてしまうことにもなりかねませ
ん。

「PCR検査で珍コロウイルス陽性者」
を通り越して、いきなり珍コロ感染者

　ウイルスや菌がその人のなかにあったからとい
って、その人が病人であるということにはなりま
せん。

　PCR検査とは、そこにウイルス（珍コロ以外
も含めて）がいたかどうかを見るものです。ウイ
ルスが、いたか、いなかったか、だけを見るもの

です。

　そのウイルスに病原性がなくても

　感染させる能力がなくても

　死んでしまっていても

　ほとんどいない、くらいであっても

　PCRは、そのウイルスとして発見してしまいます。PCR検査でウイルスが発見されると、陽性ということにいまの世の中ではなってしまいます。

　問題は、というより大問題なのは、PCR検査でウイルスが発見された陽性者を、すぐに感染者としていることです。

　陽性者イコール感染者ではありません。

　いまやそれを通り越して、PCR検査でウイルスが発見されるやいなや「東京都は15日、新たに1万9059人が新型コロナウイルスに感染したことが確認されたと発表」（2022年7月15日）としているのです。

　珍コロを煽ると、検査を希望する者が増えるの

は当たり前です。検査が増えれば自動的にPCR
陽性者が増えます。

　感染よりもっと怖いのは、今後も出てくる新し
いワクチンでしょう。

　もうすでに、予行演習のひとつがはじまってい
るようです。薬液の入っていない注射を、肩に打
っているのです。

　針先のキャップをしたままを、注射したかのよ
うに見せている駄作もあります。

　素人は騙せても、私たち医療に従事する者を騙
すことはができません。

23

自己否定から
トラウマに気づき
ミックス治療で治す

トラウマを突きとめることにより、
はっきりしてくることが、いっぱいあります

　心身一如（しんしんいちにょ）という言葉があります。身体と精神は一体であり、分けることはできない一つのものの両面であるという仏教の考えです。

　表層心理、深層心理をよく考え、幼少期から何のトラウマにとらわれているかを考えることにより、はっきりしてくることが、いっぱいあります。

　目の病気は、見たくない現実があったり、過去に目を背けてきたことによるものであったりします。

　耳の病気は、聞きたくない現実があったり、知りたくない過去があったりして、耳の機能をブロックしたいという心理が働くことによるものであったりします。

　胃は、食べたものを消化する場所です。そこが病気になるということは、今もなお消化しきれないものに囚われているということでしょう。

耳鼻科の治療（薬物治療）と食事療法併用のミックスした治療

　当院に、かねてから来ている男性の患者さんの話です。
　お姉さんがいるのですが、小さいころからキレやすく、よく親と喧嘩や言い合いをしたそうです。

そんなとき、とばっちりを食わないように、2階の自分の部屋に隠れていたそうです。

　それぞれに結婚をして、いまは生活も別々ですが、お姉さんは、そのようなところは、いまも基本的には変わっていなくて、いまでも苦手で、会うととても緊張すると言います。

　彼はもう40歳を過ぎた立派な大人ですが、耳鳴りが取れないという症状があります。耳鳴りは、小さい頃からずっと続いているのだそうです。

　耳鳴りは、小さいころの「嫌な体験」から来ていると思われます。ですから、薬を飲んでも治らないと思いますが、症状がひどいときに、薬を飲むことは、否定しません。

　食事療法はある程度の改善効果を期待できますが、食事療法のみで根治することはないでしょう。

　キレやすいお姉さんを受け入れて、耳鼻科の治療（薬物治療）と食事療法を併用する。そのような、ミックスした治療が望まれます。

トラウマは、
自分の口から発することにより、解消される

　重い病気ではあればあるほど、小さい頃のトラウマが関係していることが多く、そのトラウマを自分の口から発するといいようです。

　トラウマは、自分の口から発することにより、解消されることが多いようです。

カウンセリングの真逆の
自己否定からの気づき

　カウンセリングでは、その場しのぎの安らぎに過ぎないようです。

　どちらかと言うと、カウンセリングの真逆のほうがいいようです。カウンセリングでは、自分が否定されることはありませんが、自己否定からの気づきにより、改善されている患者は、多いようです。

　傾聴するのは、大切な態度ですが、そのうえで真逆にしてみるのも、ひとつの方法かもしれません。

24

2022年7月
日本の珍コロ
世界の珍コロ

日本のネットでは、毎日のように、
次のような書き込みが見られます

ワクチン3回目だ
ワクチン打ったら副反応があった
熱が出た
陽性だそうだが症状はない

　日本よりも感染者の多い海外の国から、次のよ
うなニュースが伝わってきています。

外出禁止やマスクの強制着用は人権侵害だと怒りをあらわにする人々

珍コロ感染防止のための強制措置に反対する大規模なデモが起きている

感染は治まっていないが、マスクをつけている人が減っている

当局がマスク着用を大幅に緩和した

今回のmRNAワクチンは、接種者の免疫を、とくに顕著に下げます

珍コロが日本人の社会生活を大きく変えました。ここ2年ほどの、私のリアルな経験をお話ししましょう。

2020年の5月くらいから、2021年12月末まで延べ数十人の方々を、診てきました。なかには、わずかに遠隔的なアドバイスのみ、というものもありました。

いずれも発熱などの明らかな症状のある、一般には珍コロ感染者といわれる人たちです。

私の専門は、口腔外科です。普段クリニックでは、手術や感染症はもちろん、医原病や薬害を専門として診療に当たっています。基礎医学にのっとり、緊急時や急性期以外は、薬は使っておりません。

　よって今回もそれらの有症状の患者さんらに、投薬などの指示は一切行っておりません。

　その結果、早くて4日、遅い患者さんでも10日くらいのあいだに完全治癒しています。

　その後も追跡確認をしておりますが、ネットを騒がしている後遺症等の患者さんは、一切おりません。

　そもそも各種ワクチン自体が、ワクチン接種者の免疫を下げます。今回のmRNAワクチンは、とくにその傾向が顕著です。

　そのこととともに、mRNAワクチンが、あらゆる病気や、アレルギーを増やすことを、できる範囲でお伝えしてきました。

新規感染者のほとんどは、
ワクチン接種者

　ワクチン接種者（多くが肯定派ですね）が、今回の感染者のほとんどであるということが、大手メディアの報道やSNSなどで多く見られます。

　これは当たり前です。ワクチン否定派の人たちは、多少の発熱や体調不良では、病院やクリニックに行きません。受診をしません。

　そのため、検査などで陽性者としてカウントされることはない、と言っていいでしょう。

　ですから、新規感染者としてあげられる数は、ワクチン接種者のみということになるわけです。

25

珍コロ、ワクチンの
まとめと補足

珍コロワクチンを接種しても、接種しなくても
大きな違いは生じない

　多くの人が珍コロワクチンを何度も接種しました。それでも感染はおさまらずに、新規感染者を増やしてしまいました。

　都内で何百人が、何千人になり、22年7月には1万5千人を突破してしまいました。そのことは、毎日の大手メディアの報道で、皆様も確認しておられると思います。

　珍コロワクチンを接種しても、接種しなくても大きな違いは生じない、ということですね。国は、

依然として因果関係を認めようとしませんが、接種者の方の死亡例も含め、副反応と思われる症状は多いのではないでしょうか。

これは私の主観です

　非接種ならびに非治療者の方が、確実に軽傷ですんでいます。

　これは、医原病の観点からも、当然のことです。

　今回の珍コロに一度感染したと思われる方が、ワクチンを接種した場合、副反応がかなり重くなります。

　抗体、免疫の理屈からもそのようなことが言えます。

　接種でも非接種でも、100歩譲って変わらないとして、未知数の薬を体内入れるということが、どんなことなのか。

　同調圧力やテレビのねじれた報道につられるこ

となく、よく考えてください。

　経営者の皆様におかれましても、いろいろなご都合もあるとは思いますが、アレルギーや人それぞれ都合も考慮して、PCR検査の強要や圧力などに屈することのないように、お願い申し上げます。

26

米第二次南北戦争直前
ファウチ博士の今後

米国の医療界に37年君臨している
ファウチ博士は、反トランプ

　本稿の7でファウチさんのことを書きました。いささかバランスを書いていたようなので、最後に補足します。

　ファウチ博士は、現在、バイデン米大統領の首席医療顧問で、政府の新型コロナ対策を担っています。

　ファウチ博士は、トランプ前大統領のころから、米医療でトップの地位にあり、トランプ前大統領を遮って意見を述べる映像が、日本でもしばしば

流れました。

日本国内のテレビ放映より

　ファウチ博士が、米国の医療界でトップに君臨
しているのは、じつはトランプ前大統領のはるか
前からです。澱（よど）む水は腐るといわれてい
ますが、37年ほどになります。

トランプ前大統領が8000万近くも得票し
敗れたことから、米国は真っ二つに

　トランプ前大統領は、先の大統領選挙で8000万票ほども得票し、圧勝していたにもかかわらず敗れました。それは、民主党の中の「ディープステート、最高裁、CIA」チームの力によるものであることが、現在、米国ではまるで常識のように語られています。

　最近、共和党の中にもディープステートがいることがわかってきました。しかし、米国の大手メディアでは、報じられてはいません。それは、米国の大手メディアも、「ディープステート、最高裁、CIA」チームの一員であるからだと、言われています。

　じつに「まさか！」という事態ですが、本当かもしれません。

　大統領になったバイデンさんは、盛んに「一つのアメリカ」「アメリカの統一」を訴えましたが、2022年7月現在、米国はこのような事態により、

173

実質的には分裂国家になっています。

2022年11月、南北内戦がはじまるか

　米国は、世界各地でいくつもの戦争を戦ってきましたし、戦っています。その米国の戦争で、最大の死傷者を出したのは、じつは米国国内の南北戦争でした。

　その米南北戦争よりも大きな米国国内の戦い前夜のような夏に、いま（2022年8月）、なっています。

　第二次南北戦争が、始まるでしょうか。

　それは、すぐにわかります。

　11月には米中間選挙がおこなわれ、民主党が勝てば、ファウチ米大統領首席医療顧問は安泰でしょう。

　ヒラリー・クリントンさんも、オバマ元大統領も安泰でしょう。

　しかし、民主党が負ければ、ファウチ博士は、米大統領首席医療顧問を解任されるばかりか、有

罪になるかもしれません。ヒラリー・クリントン、オバマ元大統領とともに。

ファウチ博士が、議会の公聴会に出席 辞任求める議員に激しく抗議

米バイデン大統領首席医療顧問ファウチ博士は、新型コロナ対策をめぐる議会の公聴会に出席。新型コロナウイルスの発生にファウチ氏が加担したとの共和党のランド・ポール議員の主張に、激しく抗議しました。

その様子が、いまもYouTubeで、流れ続けています。下記のタイトルです。

虚偽情報で辞任求める議員に激しく抗議
YouTube・6,000回以上の視聴・
2022/01/12・制作者 TBS NEWS DIG Powered by JNN

以下の「」のなかは、ファウチ博士のコメント

です。英語で述べられたのですが、YouTube に
は字幕がついているので、それを引用しました。

「全く真実ではない情報で議員が私を非難する
と、何が起きるかわかりますか？　狂気に火がつ
き、私の命が脅かされ、家族や子どもたちが脅迫
を受けるようになるのです」

「カリフォルニアからワシントンに向かっていた
男が、スピード違反で捕まりました。何をしよう
としていたのか警察が聞くと、男はファウチ医師
を殺すためにワシントンに行く途中だと言いまし
た。男の車には、AR15ライフルと弾薬がたくさ
ん積まれていました。きっと私が人を殺している
と思ったのでしょう。どうして議員はそんなこと
をするのですか？」

　以下は、ファウチ博士の上記コメントに対する
私の補足説明です。
　「どうして議員はそんなことをするのですか？」

とファウチ博士は述べていますが、その議員は、共和党のランド・ポール議員です。

　共和党のランド・ポール議員は、優秀な医師でもあり、かなり以前からファウチ博士を追及してきました。私がそのことを知ったのは、日本で新型コロナウイルスが大きな騒ぎになったあとです。

　共和党のランド・ポール議員が、民主党に守られる格好になっているファウチ博士を追及しはじめたのは、おそらくそのはるか前からだと思われます。

　共和党のランド・ポール議員に、冷静に追及されたファウチ博士は、最初はのらりくらりでしたが、それでは収めることができなくなり、激高したという見方もあるようです。

　画像を見た感じも、ランド・ポール議員は終始冷静、ファウチ博士は激高という感じです。

　このYouTubeには、「次のタイトルのYouTubeも参照にしてください」というように、案内がありました。

「報道1930　再浮上“武漢”起源説
　米ファウチ氏に浮上した“疑惑”とは
　2021年7月27日　BS－TBS」

　報道1930は、日本のBS－TBSの番組です。
『筑紫哲也 NEWS23』のディレクターであった
松原耕二さんがキャスターをしておられ、そのと
きどきのニュースを「深掘り」をしていきます。
　そのBS－TBS番組が、オンエアー後にYouTube
に収録されたので、いつでも見ることができます。

国立衛生研究所⟶NPO法人⟶武漢ウイルス研究所と、米国民の税金が流れた

「報道1930　再浮上“武漢”起源説」のなかでは、
お金の流れがとくに詳しく報じられました。
　そのお金の流れを、BS－TBSが、以下のよう
な図にしました。

国立衛生研究所からNPO法人に。
約375万ドル　約4億1300万円

NPO法人から武漢ウイルス研究所に
約60万ドル　約6600万円支払われた

これはフェイクニュースです
米軍はファウチ博士を反逆罪・殺人罪で逮捕！

　以下が、米国で流れた、フェイクニュースが伝えるファウチ博士逮捕のいきさつです（一部）。

　これは素早く日本に伝わり、何頁にもわたってインターネットに掲載されました。

　4月9日、米軍・特殊部隊はファウチ博士を反逆罪・殺人罪で逮捕！

　土曜日のファウチは最小限の保護（2人の警備員）を持っていて、何ヶ月も会っていなかった妻を訪問のために、ワシントンDCの家を出ていたという非常に良い情報を得ました。

　ディープステートは、私たちが彼女をファウチに到達させることを目標にしていると考えたので、彼らを分離させました。（ファウチ博士と妻を分離）

　民間車両の特殊部隊は、ファウチの車をホテル近くの地下駐車場に個別に尾行し、移動。

　彼らは武器を置き、ファウチの警備員に彼らの
銃器を窓から投げ出すように命じた。
　ファウチの警備は順守し、特殊部隊はファウチ
を車両から引きずり出し、彼を鎮圧し、処理のた
めに彼をカートに入れた。

Webに流れたフェイクニュースに添えられたファウチ博士の写真

これもフェイクニュースです
ファウチ氏、予定より1日早く絞首刑を執行

　4月25日の朝9時15分ファウチの死刑は予定より1日早く執行された。早まった理由は明かされていない。

　反逆罪、殺人、殺人未遂、子供に対する性犯罪で有罪判決を受けていた。

　ファウチは、最後までオバマが助けてくれると本気で信じていたようである。

4月25日に絞首刑になったはずのファウチ博士が、6月15日再び新型コロナ陽性に

　アメリカ政府の新型コロナ対策の指揮を執るファウチ氏が、コロナの治療薬を飲んだのに再び陽性となったことが分かりました。

　アメリカ政府、ファウチ首席医療顧問の発言。「4日目、確信するために再度抗原検査をしたところ、また陽性に戻ってしまったのです。これは

最近人々が『パクスロビド・リバウンド』と呼んでいる状況です」

ファクトとフェイクを
自分自身で見極める

第三次世界大戦は、主として情報戦争だと言われていますが、もうすでにこのようなかたちで始まっているのかもしれません。

フェイクニュースは、反トランプ陣営の得意技ですが、反・反トランプ陣営も、平気で「ファウチ逮捕、絞首刑執行」などのフェイクニュースを流しているのです。

私たちは、いま、そのような時代に生きているのです。

何が本当なのか。どれがフェイクなのか。

それを自分自身で見極める力をつける必要があります。早急に、です。

闘魂は私の中で不滅
元気をありがとう
アントニオ猪木追悼

２０２３年４月１０日 初版第１刷発行

著 者 高村 剛

発行所 ＩＣＩ．アイシーアイ出版

東京都豊島区千早３‐３４‐５

TEL &FAX ０３‐３９７２‐８８８４

発売所 星雲社（共同出版社・流通責任出版社）

郵便番号１１２‐０００５ 東京都文京区水道１丁目３‐３０

TEL ０３‐３８６８‐３２７５ FAX ０３‐３８６８‐６５８８

印 刷
製本所 モリモト印刷

＠Tsuyoshi Takamura

ISBN978-4-434-31963-1

定価はカバーに表示してあります。